HUBERT SUTER

Widerspruch

Uschi meiner Tochter

HUBERT SUTER

Widerspruch

Jagd und Jäger

Mensch und Umwelt

Meinungen und Fakten

NEUMANN-NEUDAMM

ISBN 3-7888-1022-X

© 2005 Verlag J. Neumann-Neudamm AG
Schwalbenweg 1, 34212 Melsungen
Tel. 05661-52222, Fax 05661-6008, www.neumann-neudamm.de

Printed in Germany
Satz/Layout:: J. NEUMANN-NEUDAMM AG
Lektorat & Hrsg.: Hansjörg Maintz, U4 Text, Bjoern-Verlag
Titel: Titelbildgestaltung unter Verwendung eines Bildes von K.H. Volkmar (Bock), restl. Bilder aus dem Archiv des Verlages

Inhalt

Das heutige Milieu des Jägers

Literaturverzeichnis

Vorwort

Die Menschen der Gegenwart in einer übersättigten Wohlstandsgesellschaft verlieren auf ihrem Weg zur Selbstverwirklichung – ein Trend der Zeit – schneller als frühere Generationen die Bodenhaftung und scheuen dabei vor keinem Widerspruch zurück. Wer jagt heute nicht dem Geld, dem Glück, der Liebe oder der Macht hinterher? Gewachsene, hundertfach bewährte Lebensweisen und Bräuche, einst geboren aus Notwendigkeiten und voller Gültigkeit bis heute, werden in die Isolierung der Unwichtigkeit abgedrängt. Dabei benutzt man kleine Minderheiten, wie beispielsweise die Jäger, gerne als Prügelknaben. Obwohl die Jagd, als das älteste Handwerk der Welt, die Menschheit seit Anbeginn ihrer Existenz begleitet und damit unstreitig ein Teil unserer Kultur wurde, setzen sich heute Presse und Fernsehen geradezu extrem Kritik lastig mit der Jagd auseinander. Trotzdem lassen sich dadurch nicht alle gewachsenen und erprobten Tatsachen einfach beiseite schieben. Da dies die Medien stört, versuchen sie nachzuhelfen. Und so wird in gar nicht wenigen Fällen „Jagd auf Jäger" betrieben. Wenn der konstruierte Schein, wenn die Manipulation in unserer Medienwelt der Unterhaltung dient, verlieren sich Skrupel schnell und die Normen einer distanzierten Sachberichterstattung fast von selbst. Bis heute ist es erst einem kleinen Kreis der Wissenden zur Wahrheit geworden, dass das Weidwerk irgendwann im Laufe der Evolution seinen Eingang in unsere Gene fand. Man hat diesen Vorgang prägnant mit dem Begriff „Jagdgene" festgehalten und muss dies wohl als Tatsache gelten lassen. Das bedeutet aber zugleich: Mensch sein ist stets ein Stück Jäger sein – und dies im weitesten Sinn des Wortes, nicht beschränkt auf das Weidwerk selbst. Nur bei einer kleinen Minderheit unserer Zeitgenossen setzt sich allerdings dieses Erbe so durch, dass sie diese uralte Gewohnheit heute noch aktiv ausüben. Natürlich müssen einige günstige äußere Umstände hinzukommen, um ihnen ihr Tun zu ermöglichen. Die Naturgesetzlichkeit, der sie hierbei automatisch unterliegen, ist lediglich eine Konsequenz der Evolution. Sie kann von den Aktivitäten der gegnerischen Kadergruppen weder ausgeschaltet noch zum Schweigen gebracht werden. Bisher haben im öffentlichen Leben zwei unterschiedliche Gesellschaftssysteme gelegentlich Jagd und Jäger für ihre Zwecke als Nebenkriegsschauplätze benutzt. Nun brach zwar inzwischen das Gesellschaftssystem des Sozialismus als Utopie in sich zusammen, doch leider verschwand die missbrauchte Pufferfunktion der Jagd aus unserer pluralistischen Gesellschaft nicht mit. Mithin heißt dies für alle Jäger, in dieser öffentlichen Auseinandersetzung Flagge zu zeigen. Den Widersprüchen, dem Zwiespalt zwischen Weltverbesserung und Realität, kann nur durch Sachlichkeit begegnet werden. Das gilt generell und im besonderen für das Weidwerk. Vielleicht ist aus der Aktualität der Zeit heraus – man denke nur an das Eingeständnis von Greenpeace, in Sachen „Brent Spar" mit falschen Fakten gearbeitet zu haben – zu lernen, wie die Vertreter der Medien gegenüber den Aktivisten eines Trends endlich zu jener Distanziertheit zurückfinden, die ansonsten der Fall ist.

Wir Jäger leben in einer Zeit ständiger jagdpolitischer Auseinandersetzungen, streiten und sorgen uns um elementare Lebensfragen unseres Wildes, dürfen darüber weder die bestehenden Rechtsgrundsätze aus dem Auge verlieren, noch die gravierenden Veränderungen der Denkweisen vernachlässigen, noch die Vorbeugung als wirksame Methode der Schadenbegrenzung vergessen. Letzteres ist die einzige Methode, Idealisten und Ideologen daran zu hindern, wahnhafte Denkstrukturen auszubilden und sie auch über biedere Gutgläubige auszubreiten. Das macht es notwendig, die Rahmenbedingungen und die Position der Jagd in unserer Kultur zu kennen und die Vielfältigkeit der jagdlichen Kulturbeiträge der großen Mehrheit unserer Mitbürger als selbstverständlichen Wissensstand zu vermitteln. Die Ausstrahlungen der Jagd bis hin zu den Künsten ist keineswegs allgemein geläufig. Unabhängig davon bewegen auch so aktuelle Diskussionen wie die Schalenwildschäden des Waldes, die Wechselwirkungen zwischen Ökologie, Ökonomie und Umweltschutz, die Irritation durch computergestützte falsche Overkill-Hypothesen eine breite Öffentlichkeit. Auch die, bei Licht betrachtet, kaum verständliche Bleischrotdiskussion gehört hierher, genauso wie die Vermittlung der Unmöglichkeit des „Zurück zur Natur."

Es ist eine Tatsache: Die Nutzungsansprüche an die Natur nehmen zu, und es gibt Nutzungskonkurrenten, wobei Dritte sich Mitsprachemöglichkeiten erstreiten, sei es aus eigener Interessenlage oder um einfach schlicht ihre Macht durchsetzen zu können. Da sich gemeinsame Wertvorstellungen auflösen, muss sich auch der Jäger Gedanken um eine Rangordnung der Werte machen. Hierzu gibt es Grundpositionen, die im Recht verankert sind. So ist Jagd ein Freiheitsrecht und steht deshalb dem Gesetzgeber nicht beliebig zur Disposition. Als Bestandteil des Eigentums nimmt die Jagdausübung auch am Grundrechtschutz teil. Das Jagdrecht ist ein Teil des durch Verfassung geschützten Eigentumsrechtes, das wiederum einen Eckpfeiler unserer Rechtsordnung bildet. Allein deswegen muss jagdliches Handeln nicht von einem wohlfeilen Nachweis eines gesellschaftlichen Nutzens abhängig gemacht werden. Sobald Kadergruppen dieses Recht jedermann sichtbar unterwühlen, wird der Jäger um sein Recht betrogen. Es gilt deshalb, verantwortungsvoll öffentlich zu vertreten, was Sache ist: Jagd ist Handwerk, ist Wettbewerb, ist Gestaltung durch Nutzung und Naturschutz!

Wer gewillt ist, sich unvoreingenommen mit der Materie zu beschäftigen, wird erkennen, dass auch heute noch die Jagd für die Erhaltung unserer Naturlandschaft unentbehrlich ist. Diese Schrift möge dazu beitragen, den Stand der Informationen Außenstehender zu verbessern. Gleichzeitig wird versucht, durch Vergleiche deutlich zu machen, wie unverständlich, falsch und widersprüchlich Emotionen werden können, die aus der Verstädterung unserer Bevölkerung entspringen und an dem empfindlichen Fließgleichgewicht unserer Ökologie vorbeigehen.

Die Jäger stellen sich der Herausforderung. Sie sind eo ipso Naturschützer und sie sind sich auch ihrer Umwelt bewusst. Der Leser möge selbst urteilen, wie notwendig das Weidwerk auch noch in unserer Zeit ist und für die überschaubare nächste Zukunft bleiben wird.

Limburgerhof im Dezember 2004

Jagd-Gene - ein Urerbe der Menschheit

In der Jagdliteratur wird der Mensch seit langem als Jäger und Sammler von Beginn seiner Existenz an gesehen. Diese Auffassung wurde und wird jedoch immer wieder hinterfragt und in Frage gestellt. In diese Diskussion hat der amerikanische Anthropologe Prof. S.L. Washborn 1956[1)] erstmals der wissenschaftlichen Welt den Begriff Jagd-Gen vorgestellt. Er hat seit etwa 2 Jahrzehnten Eingang in die jagdwissenschaftliche Literatur gefunden. In jüngster Zeit wird das Jagd-Gen bezweifelt und mit ihm zugleich ob der Mensch seit eh und je wirklich gejagt hat.

Nun, in der Tat kann die Frage, ob es Jagd-Gene gibt oder nicht nach den heute vorliegenden Erkenntnissen schlüssig und eindeutig beantwortet werden.

Das zweifelsfrei zu tun sollte zudem hilfreich sein in der öffentlichen Auseinandersetzung zwischen Jägern und Jagdgegnern.

Evolution der Menschheit

In der Behandlung dieses Themas ist es unerlässlich, sich zuerst mit dem Stammbaum des Menschen zu befassen. Schon ein kursorischer Überblick auf die Zeitspanne seiner Existenz, liefert nach derzeitigem Wissensstand wichtige Eckpunkte.

Vor mindestens 6 Millionen Jahren trennten sich die Entwicklungslinien von Hominiden und Menschenaffen. Knochen des jetzt entdeckten „Millenium-Menschen" beweisen das.[2] Der Hominide „Australopithekus anamensis" wird vor 3-4 Mio. Jahren eingeordnet. Der „Homo habilis", von 3,1 - 1,6 Mio. Jahren wird als Bindeglied[3] zum „Homo erectus" angesehen. Er soll die erste Spezies Homo gewesen sein. Wirklich aber als Mensch zu bezeichnender Vertreter dieser Gattung wird derzeit der „Homo erectus" angesehen.[4] Er lebte vor 2 Mio. Jahren und war vermutlich der größte Fleischverzehrer unter den Affen, den die Welt je erleben sollte.[5] Hingegen hat sich im Vergleich zu diesem der „Australopithecus robustus", auch Nussknackermensch genannt, sich zu einem spezialisierten Vegetarier entwicklet.[6] In unserem Zusammenhang gilt es, sich dieser auseinanderlaufenden Entwicklung bewusst zu bleiben und sie weder zu verwechseln noch zu vermischen. Ein Fleischfresser musste zwangsläufig jagen und dies im weitesten Sinne des Wortes; unabhängig davon wie die Art des Jagens damals auch gewesen sein mag. Das wertvolle Eiweiß war für die Hominiden in diesen Zeiten in keiner Weise stets gesichert. Ganz im Gegensatz zu den Wiederkäuern, deren Verdauungsvorgänge auf einer echten Lebensgemeinschaft mit gegenseitigem Nutzen zwischen Mikroorganismen und Wirtsorganismus basiert. Die Mikroorganismen spalten Nahrungsstoffe, die, wie z. B. Holz für Wiederkäuer unverdaulich sind, und stellen daraus Eiweiß her. Deshalb können diese Säuger ohne äußere Eiweißzufuhr leben.[7] Mittlerweile hat die Archäologie sogar den Beweis geliefert, dass der „Homo erectus" ein Jäger war.[8] In Al-Kowm, einer grünen Insel, eine Oase in der syrischen Steppe belegen 180 steinzeitliche Fundstellen, dass der Mensch seit mindestens 1 Mio. Jahren wiederholt dort siedelte. Man konnte dort die Lebensweise der urzeitlichen Vorfahren rekonstruieren. Aus dem Zustand der Tierknochen wurde geschlossen: es war die Hinterlassenschaft erfahrener Wildbeuter. Die Jäger lagerten an der Tränke zu der das Wild von selber kam.

Was schält sich als ins Auge springende Tatsachen bisher heraus? Dreierlei. „Homo erectus", erster Urmensch unserer Gattung, lebte vor ca. 2 Mio. Jahren. Er war Fleischfresser und er war Wildbeuter, also Jäger. Zum besseren Verständnis dieser Fakten seien hier noch einige andere ergänzend angefügt. Der „Homo erectus" beherrschte schon den Gebrauch des Feuers.[9] Ferner ist gesichert, dass der „Homo erectus" seit 1,5 Mio. Jahren spezifisch Steinwerkzeuge, Faustkeile, Schaber, Äxte anfertigte. Dieser Jäger ist bereits vor rund 1,8 Mio. Jahren bis Südost-Asien vorgedrungen. Er war nicht nur Fleischfresser, er war ein Allesfresser (Omnivore). Seine Lebensbedingungen zwangen ihn offenbar, sich aller Nahrung zu bedienen, die ihm in irgend einer Weise zugänglich war. Ein klassischer Beweis hierfür ist die menschliche Gallenblase, welche die Evolution dem Menschen im Laufe der Zeit zulegte. Reine Pflanzenfresser wie z.B. Elefanten, kennen für die Aufbereitung ihrer Nahrung dieses Vorratsorgan nicht.

Was der „Homo erectus" entgegen aller Hypothesen nicht war: ein Aasfresser. Das konnte er gar nicht sein. Aas ist per Definition verwesende Tierleiche. Verwesende Tierleiche ist aber nichts anderes als sich zersetzendes Eiweiß. Unter dem Einfluss von Kleinlebewesen und/oder UV Licht zerfällt das Eiweiß, es verwest. Chemisch gesehen ist Eiweiß ein Polymerisat von Aminosäuren. Wird dieses depolymerisiert, also rückgespalten bzw. zersetzt, entstehen mehr oder minder große Bruchstücke verschiedenster Größe und Art, darunter auch Di-Amine. Die Stoffklasse der Di-Amine ist hochgiftig. Je nach Konzentration kann sie für den Menschen tödlich sein. Jedermann ist die tödliche Gefahr einer Fleisch- oder Fischvergiftung geläufig, und unheilbare Fälle dieser Art gibt es selbst in unserer Zeit immer wieder. Die Spezies Homo als Aasfresser hätte einfach nicht überlebt! Fleisch ist zum Unterschied von Aas essbares Eiweiß.

Nun gibt es aber unter den Säugern durchaus Aasfresser, die an den Eiweißzersetzungsprodukten einer Tierleiche nicht sterben. Dazu zählt Fuchs, Hund, Bär und andere. Wo liegt da der Unterschied? Er liegt an dem höheren Salzsäuregehalt im Magen der Aasfresser. Der Salzsäuregehalt des Magens vom Menschen ist zu gering um verwesende Tierkörper verdauen zu können. Wenn die Urzeitmenschen Großraubtieren ihre Beute streitig machten oder sich mit ihren Mahlzeitresten begnügten, so hatten sie es eben nicht mit Aas zu tun, sondern mit frischen Fleischüberresten. Den Menschen als Aasfresser zu bezeichnen ist schlicht falsch, verrät lediglich unzureichende Kenntnisse naturgesetzlicher Zusammenhänge. Also noch mal: Allesfresser ja; Aasfresser nein!

Waren die Urzeitmenschen wirklich Jäger?

Die gegenwärtige Irritation um dieses Wort hat vor allem zwei Gründe, die hier genannt werden sollen. Zum einen ist bis zum Ende des Mittelalters die Bedeutung des Wortes Jagen ziemlich umfassend gewesen. Man verstand darunter sowohl die Jagd zu Pferde mit Vögeln, mit Hunden, Feuerwaffen, Armbrüsten, Spießen, Pfeilen, Netzen und Fallen. Dieses Wortverständnis ist nun ohne weiteres auf das unerlässliche Tun des Urzeitmenschen bei seiner Nahrungssuche übertragen worden. Schließlich hat man ja Werkzeuge gefunden, die er dafür damals einsetzte. Und hier stößt man auf den zweiten Grund der Irritation. Der Mensch hat seine Intelligenz eingesetzt, um sich Werkzeuge zu schaffen. Ein Faktum, das zugleich zur Grenze zwischen Mensch und Tier wurde, vor allem gegenüber den höheren Primaten. Inzwischen hat sich diese Grenzlinie verschoben, weil sie fließend ist. Der Mythos des Werkzeugmachers hat den Homo verlassen. Gleichwohl gibt es diesen wesensmäßigen Unterschied durchaus. Und das ist der Gebrauch des Feuers durch den Menschen! Kein Tier gebraucht das Feuer, bis heute nicht. Bereits der „Homo erectus" verstand es ja mit dem Feuer umzugehen. Es ist keineswegs verwegen davon auszugehen, dass er das Hilfsmittel Feuer für die Jagd einzusetzen verstand. Jedenfalls weiß man dies von den Steinzeitjägern und selbst heute noch werden an einigen Stellen Afrikas Buschfeuer für Jagdzwecke gelegt. Die Trennlinie zwischen dem Menschen und dem Primaten ist durch dieses Hilfsmittel, dem Feuer, bestimmt. Feuer als Jagdhilfsmittel weist den Homo auch als Jäger aus. Kein Tier kann das.

Eine weitere jüngere Trennungslinie besteht in der Fähigkeit des Menschen, seine Artgenossen für sich arbeiten zu lassen.[10] Ein Phänomen, zu dem Säuger ebenfalls unfähig sind.

Die Tatsache des Allesfresser-Seins weist allein freilich den Homo als Jäger noch nicht aus. Er war es gewiss nicht ausschließlich. Er war genauso Sammler und wo es möglich war auch Fischer; das allerdings ebenfalls von Anfang an.

Nebenbei bemerkt, vom „Homo erectus" bis zum „Homo sapiens" war der Mensch nicht nur Jäger, er war auch der Gejagte, die Beute von Tieren und seiner Artgenossen selbst.

Adam kam aus Afrika

Die Wiege des modernen Menschen hat in Afrika gestanden. Es hat mehrere Auswanderungswellen gegeben. Im Stammbaum findet man nach dem „Homo erectus" den „archäischen Homo sapiens" und ordnet ihm in Europa die Zeit vor 300.000 Jahren zu. Neue Datierungen von Fossilien greifen weiter zurück.[11] Man unterscheidet inzwischen zwischen späten und frühen „archäischen homo sapiens."

Natürlich war auch der ältere „archäische homo sapiens" Jäger. Urmenschen aus dieser Zeit schnitzten vor 400.000 Jahren erste Speere aus Fichten.[12]

„Homo sapiens", das ist der moderne Mensch der Gegenwart, und er existiert in dieser Reihe seit 150.000 Jahren. Dieser Typ entstand vor etwa 140.000 Jahren in Afrika. In Europa trafen davon die Letzten vor rund 39.000 - 51.000 Jahren ein. Die Ergebnisse der DNA-Evolutionsstudien weichen kaum ab von den Ergebnissen der Archäologen.[13] Die Ausbreitungswege des Menschen auf der Erde können mit Hilfe von Genanalysen nachgezeichnet werden. Sobald zwei so gänzlich unterschiedliche wissenschaftliche Methoden wie Gen-Analytik und Archäologie zum selben Ergebnis kommen, erhält dieses einen hohen Grad an Wahrscheinlichkeit als Tatsache.

Bis hierher wurde nicht ableitend gefolgert sondern lediglich allgemein bekannte Tatsachen einander zugeordnet. Der Urmensch tritt bereits als Urjäger auf! Das mag nicht jedermann genügen. Um Transparenz zu erreichen ist es wohl geboten, die Zeitspanne des Menschseins mit einzubeziehen. Der Einfachheit halber soll sie in Generationen ausgedrückt sein. Erst danach lässt sich die Frage nach der Existenz von Jagd-Genen in seinem naturgesetzlichen evolutionären Geschehen betrachten. Um es auf den Punkt zu bringen: Wie lange dauert es um Verhaltensweisen im Erbgut des Genoms einzubauen? Die Antwort darauf muss nachvollziehbar sein.

Hierfür bietet sich zunächst einmal eine Art kosmischer Kalender an. Man geht von einem Alter der Erde mit 4,5 Mrd. Jahren aus und setzt dies gleich einem Weltentag.[14] Nach dem Oligozän, also vor 15 Mio. Jahren, begann die Homonisationsphase und das sind gerade 13 Weltminuten. Seit dem „Homo erectus leckeyi" (olduvai) verstrichen erst 30 Weltsekunden (= 2 Mio. Jahre) Die Zeit unserer historischen Tradition von etwa 10.000 Jahren erreicht nicht mal eine viertel Weltsekunde. Das 20. Jahrhundert ist darin das Fünkchen einer zweitausendstel Weltsekunde. Unser „Homo erectus" wird auf ca. 2 Mio. Jahre datiert, und weil er der früheste Mensch ist, von dem wir wirklich etwas wissen, und er Jäger war, ist es sinnvoll sich auf diese Zeitspanne von 2 Mio. Jahren zu beschränken. Die biologische Evolution hatte also 2 Mio. Jahre Zeit um die Wesensmerkmale des Jägers im Erbgut des Menschen zu verankern. Wie lange brauchte die Evolution nun wirklich dafür? Ehe das im Detail beantwortet wird, soll jedoch noch ein anderes Ergebnis aus diesem Zahlenvergleich erwähnt werden. Bis zum

Ende der letzten Eiszeit, also vor rund 10.000 Jahren, war der Mensch Jäger, Fischer und Sammler. Für die Zeit von rund 2 Mio. Jahren bis zum Einsetzen unserer historischen Tradition vor 10.000 Jahren muss man sich mit dem Faktum vertraut machen, dass in diesen 99,5% der gesamten Zeitspanne der Existenz der Menschheit die Jagd die wichtigste Tätigkeit zur Sicherung der Arterhaltung überhaupt war. Man kann sie deshalb durchaus zutreffend als das älteste Handwerk der Menschheit bezeichnen. Im deutschen Sprachraum findet das auch in dem Synonym zur Jagd, dem Weidwerk, sprachlich seinen Niederschlag.[15] Erst in den letzten 0,5 % der gesamten Zeit (=ca.10.000 Jahre) ist eine Änderung in der Existenzsicherung des Menschen eingetreten. In einer leicht abgewandelten Überlegung, wie sie von Otto Koenig[16] angestellt wurde, wird derselbe Sachverhalt ausgedrückt: „93% aller Menschen, die es jemals auf der Erde gab, lebten in steinzeitlichen Jägergesellschaften." Und er fügt dann noch später an, "ein Großteil menschlicher Intelligenz ist Jägerintelligenz, die sucht und nachspürt, einfängt um neuerlich zu suchen."

Wie viel Menschen-Generationen stecken nun in bestimmten Zeiträumen? Für die letzten 10.000 Jahre werden vereinfachend durchschnittlich 3 Generationen pro 100 Jahre angenommen. Bei den eiszeitlichen Menschen geht man heute von durchschnittlich 22 Jahre pro Generation aus. Die aufgerundete Annahme von 25 Jahren pro Generation verursacht keinen signifikanten Fehler in den Zahlenabgaben. Legt man in der Rahmenbetrachtung die Werte 3 und 4 zu Grunde ergibt sich folgendes Bild.

Generationenzahl in verschiedenen Zeiträumen:

Jahre	3 Generationen pro 100 Jahre	4 Generationen pro 100 Jahre
10.000	300	400
50.000	1500	2000
2.000.000	60.000	80.000

Für den „Homo erectus" muss man also zwischen 60.000 bis 80.000 Generationen je nach Zählweise für die 2 Mio. Jahre ins Auge fassen.

Für den ererbten Genpool des heutigen Menschen ist es belanglos zu welchem Zeitpunkt die Jagd-Gene darin fixiert wurden. Es genügt vom „Homo erectus" auszugehen, weil von ihm bekannt ist, dass er Jäger war.

Nahezu jeder Forscher akzeptiert heute die Ansicht, dass Leben einen grundlegenden Einfluss auf seine Umgebung ausübt. Gleichermaßen offenkundig ist, dass Leben von seiner Umgebung beeinflusst wird und sich ihr anpaßt.[17] Der Mensch in seiner Umgebung stellt ein Verbund- und Rückkoppelungssystem dar. Das ist ein Naturgesetz. Deswegen beeinflusst bei langanhaltender Dauereinwirkung das Erworbene auch das Angeborene. Dies funktioniert über die Wirkungsweise der

Selektion von Mutationen und zwar solange bis die Fixierung in Genen stattgefunden hat. Nicht von ungefähr folgert deswegen Hans Mohr[18] daraus, dass „die Natur des Menschen, seine Neigungsstruktur ebenso wie sein tatsächliche Verhaltens- und Handlungsstruktur genetischen Determinanten" unterliegt. Anders gesagt: Verhaltensweisen haben sich als bestimmte Eigenschaften im Erbgut verankert. Selbstverständlich ist daher, dass der elementarste Zwang, nämlich die Sorge und die Notwendigkeit um die tägliche Ernährung äußerst früh sich im Gen manifestierte. Heute gelingt es mit den modernsten biochemischen Methoden wie der DNA-Technologie Zeithorizonte für einzelne Merkmale aufzuzeigen. So weisen mitochondriale DNA-Daten nach, dass die einzelnen Rassen unserer Gegenwart keine isolierten Entwicklungen durchlaufen haben. Rassenmerkmale wie Hautfarbe, Gesichtsform und Körperbau, so wird daraus gefolgert, sind erst nach den letzten Auswanderungswellen aus Afrika entstanden.[19]

Wie arbeitet der Mahlstrom der Evolution?

Dazu muss ein kompliziertes Thema zumindest skizzenhaft ausgebreitet werden damit die richtigen Gedankenverknüpfungen zustande kommen.

Exkurs in Sachen Gene: Das ganze Erbgut des Menschen - Genom - findet sich in jeder menschlichen Zelle. Die Träger der Erbeigenschaften sind die Gene, die alle auf den Chromosomen liegen. Das Genom ist der gesamte Chromosomensatz und besteht aus $2 \times 23 = 46$ Chromosomen. Die Moleküle, welche die Gene tragen, sind lange, fädige Gebilde. Sie stammen aus dem Zellkern. Die Molekülklasse wurde deshalb als Kern- oder Nukleinsäuren bezeichnet. Heute hat sich dafür in der Genetik der Name „Desoxyribonukleinsäure" eingebürgert, abgekürzt DNS oder DNA (englisch). Vier verschiedene chemische Grundbausteine geben dem DNA-Molekül eine Doppelstrang-Struktur, die auch als Doppelhelix bezeichnet wird. Diese Doppelhelix trägt die Gene, jene Grundeinheiten, die für jeweils eine bestimmte körperliche oder geistige Eigenschaft der Lebewesen zuständig sind. Weil diese Anlagen nicht nur an einem einzigen Gen sondern auf Gen-Gruppen fixiert sind, spricht man von Gen-Sequenz bzw. Gen-Regionen. In den Gen-Sequenzen ist kein Gen für sich allein dominant ausschlaggebend. Anders gesagt, erbbedingtes Verhalten ist also nicht an ein einzelnes Gen gebunden. Früher schätzte man die Gene auf 100.000. Inzwischen wissen wir, dass es sich um etwa 30.000 bis maximal 40.000 handelt. Man kann sie jetzt also zählen. Diese 30.000 Gene sollen aufgeklärt sein, doch es bedarf noch einer quantitativen Nachbesserung. Das menschliche Erbgut ist in seiner Ganzheit jetzt lediglich „entziffert", noch lange nicht „entschlüsselt". Das Genom selbst ist ein dynamisches Gebilde und Wechselwirkungen vielerlei Art ausgesetzt. Die DNA wird fortwährend beschädigt. Für die unvermeidbare Fehlerhaftigkeit hat die Evolution jedoch Kontroll- bzw. Reparaturmechanismen eingebaut, die mit einer hohen Erfolgsquote arbeiten. Die Vorstellungen in der molekularen Genetik über den genetischen Apparat sind am Ende des 20.Jahrhunderts hoch komplex geworden.

Immerhin benutzt die Evolution Mutationen, also das Naturgesetz der Fehlerquote, als Filterprozess einerseits und andererseits gleichzeitig dazu, um über die Mutationsvariationen lebenserhaltende oder lebensverbessernde Veränderungen aufzunehmen. Das bedarf langer, langer Zeiten, wobei äußere Einflüsse miterfasst werden. Je komplizierter ein Organismus ist, desto vielfältiger ist sein Wechselspiel von „innen" und „außen."

Die Gewohnheiten des Menschen, dauern sie nur lange genug, werden zur Sicherung der Spezies Mensch in seinem Erbgut eingebaut. Die Selektion richtet es und wie meisterhaft dies geschieht via Mutationen, z.B. durch Höhenstrahlung, Vireninfektionen oder chemischer Stoffen, wird man sich erst bewusst, wenn zu registrieren ist, dass von einer menschlichen Generation zur nächsten ca. 100 Änderungen pro Genom übrig bleiben.

Das Faktum der hundert Änderungen pro Generation erlaubt nun eine Hochrechnung für einen ersten Grenzwert. Bei 300 Generationen in 10.000 Jahren können sich alle 30.000 Gensequenzen theoretisch geändert haben. Schon bei 150 Generationen (= 5000 Jahre) könnte die Hälfte der Gen-Regionen betroffen sein. Was sagen die Molekular-Biochemiker uns dazu? Von ihnen wissen wir: Eine Mutation, die einen Vorteil von 1 % bietet, braucht etwa 500 bis 1000 Generationen, bis sie in das Genom eingebaut ist.[20] Das ist natürlich noch abhängig von der jeweiligen Nachkommenzahl und so schwankt der Zeitraum zwischen 10.000 bis 20.000 Jahren. Und dies gilt zudem nur für den dominanten Erbgang. Bei rezessiven Mutationen dauert es wesentlich länger. Ein typischer Zeitraum für solche Vorgänge liegt wohl zwischen 50.000 - 100.000 Jahren.

In der Evolution wird die Erbanlage zu einem genetischen Kettenhemd. Man kann genau so sagen: Kein Lebewesen kann über seinen „genetischen Schatten" springen. Tröstlich dabei bleibt, dass man sich dabei trotzdem keineswegs der Tyrannei der Gene hilflos unterwerfen muss. Es bleibt individueller Spielraum.

Eine kulturelle Ikone unserer Zeit ist die Figur der DNA-Doppelhelix und der auf ihr gespeicherte genetische Code vermittelt vielen eine Illusion der Einfachheit des Lebens. Obwohl das molekulare Alphabet des Lebens nur vier Buchstaben hat, können damit die unterschiedlichsten Bücher geschrieben werden. Im Klartext: In Wahrheit ist das Leben höchst kompliziert.

Heute ist es oberflächliche Mode geworden das Wort Gen inflationär zu missbrauchen, und das irritiert. Wird z.B. das jägerische Verhalten des Menschen in das Genom aufgenommen, wird das umgangssprachlich vereinfacht als Jagd-Gen bezeichnet. Das ist so aber sachlich nicht zutreffend. Es ist stets davon auszugehen, dass davon eine Gen-Region betroffen ist, also es richtiger ist, von den Jagd-Genen in seiner Mehrzahl zu sprechen. Sobald die Pluralität der Jagdgen-Sequenz zur Singularität verkürzt wird, entfällt geradezu nebenbei das gegenseitige Zusammenspiel und die Verflechtung mehrerer jener Gene, in denen das Jagdverhalten für das Erbe eingefangen ist.

Man erinnere sich an den kosmischen Weltkalender der Erde. 10.000 Jahre waren etwa eine viertel Weltsekunde; 40.000 - 50.000 Jahre kann man gerundet einer ganzen Weltsekunde gleichsetzen. Geht man von dieser einen Weltsekunde aus, so lässt sich dies als den anderen Grenzwert betrachten. Innerhalb dem niederen und dem höheren zeitlichen Grenzwert werden die Unterschiede, die sich im Laufe der Evolution entwickeln in das Erbgut aufgenommen. Durch die Mutationen entwickeln sich die Erbanlagen weiter. Sie entstehen in Wechselwirkung mit den Entwicklungs- und Lebensbedingung ihrer Umwelt.[21]

Nun wird die Frage: „Gibt es eine Jagdgen-Sequenz?" beantwortbar.

Zunächst ist das Faktum festzuhalten: seit dem „Homo erectus" vor 2 Mio. Jahren war der Mensch Jäger. Diese Sicherung seiner Existenz bestand in geradezu harter, unausweichlicher Zwangslage bis vor 10.000 Jahren. Nimmt man für eine erbverankerte Mutationsänderung eine mit guten zeitlichen Reserve ausgestattete Spanne von 50.000 Jahren an, so standen der Evolution für die Aufnahme aller spezifischen jägerischen Fähigkeiten 40 Zeiteinheiten von je 50.000 -Jahresperioden zur Verfügung. Von 40 Weltsekunden, die zur Verfügung standen brauchte die Evolution gerade mal 1-2 Weltsekunden für die Genverankerung einer Anlage.

Nach einem Gesetz der Logik resultiert aus zwei Voraussetzungen nur eine richtige Folgerung. Die erste Voraussetzung ist hier der 2.000.000 Jahre Zeitraum in dem der Homo Jäger war. Die zweite Voraussetzung ist die notwendige Zeitspanne, welche erforderlich ist, menschliche Verhaltensweisen ins Erbgut einzubauen, hier 50.000 Jahre. Die Folgerung hieraus beantwortet klar die Streitfrage: **Ja, es gibt die Jagdgene !**

Die entscheidende Antwort wurzelt in bestätigten Erkenntnissen verschiedener naturwissenschaftlichen Disziplinen. Es ist nicht ganz überflüssig zu erwähnen, dass Naturgesetze in ihrer strengen Gültigkeit die Wahrheit für sich haben.

Es mag der allgemeinen Anerkenntnis durch zurückhaltende, skeptischen Zeitgenossen dienlich sein, wenn zwei weitere Beweise aus der Jedermann-Alltagserfahrung hierzu erhellend herangezogen werden.

Ein schlagender Beweis für den Mutations-Zeitraum von 40.000 - 50.000 Jahren ist die weiße Haut des Menschen mittlerer gemäßigter Breiten auf der nördlichen Hemisphäre unseres Globus. Adam kam aus Afrika! Seit mehr als 1,5 Mio. Jahren brach der Homo immer wieder in neuen Wanderungswellen aus Afrika über Eurasien nach Europa und Asien auf. Die letzte Welle, die des anatomisch modernen Menschen, hat etwa vor 39.000 - 51.000 Jahren stattgefunden.[13] Alle, die da auswanderten waren dunkelhäutig, je näher sie vom Äquator kamen, um so schwärzer mussten sie gewesen sein. Die Evolution hat mit der dunklen Farbe für den Schutz gegen die UV-Strahlung der Sonne gesorgt. Das Leben in unseren Breiten litt vergleichsweise unter Lichtmangel und die dunkle Haut wurde zum Nachteil. Zur Vorbeugung eines Vitamin D-Mangels war die Absorption von UV Licht durch die Haut nötig. Die Wechselwirkung zwischen Umwelt und Genom ließ den nördlichen Mensch rund um den Globus erblassen. Er wurde weiß und das ist in den Genen verankert. Niemand bezweifelt, dass Weißhäutigkeit erblich ist. Wenn ein Lappen-Ehepaar in Nairobi zufällig Nachwuchs bekäme wird dieser nicht schwarz sein. Dies gilt genauso umgekehrt. Für die genetisch statistisch gesteuerte Anpassung benötigte die Evolution gerade eine Weltsekunde, mehr aber auch nicht.

Ganz und gar nicht darf dieser Vorgang verwechselt werden mit der Pseudowissenschaft des Russen Lyssenko, welcher unter dem Schutz Stalins vertreten hatte, dass bereits die Lebenserfahrung der Eltern in das Erbgut der nächsten Generation einfließen würde.

Ein weiterer Beweis von gleicher Art steckt in der Sprachfähigkeit des Menschen. Die anatomischen Voraussetzungen für die Sprachfähigkeit haben sich mit dem Abstieg des Kehlkopfs beim „Homo erectus" bereits vollzogen.[22] Man geht davon aus, dass der „Homo sapiens" mit Sicherheit bereits die anatomische Voraussetzung zur menschlichen Sprache besaß. Bei ihm vollzog sich der Durchbruch zum „modernen" Stimmbildungstrakt, zur artikulierten Sprache. Damit war die menschlichste aller menschlichen Fähigkeiten geboren. Nach Schätzungen der UNESCO werden auf der Welt heute zwischen 5.000 - 6.000 Sprachen gesprochen. Jedermann kann es täglich beobachten, alle Kinder auf der ganzen Welt beginnen zwischen dem ersten und zweiten Lebensjahr das Sprechen, lange bevor Erziehung und systematisches Lernen einsetzt. Das wächst aus einer angelegten Bereitschaft. Nahezu alle Linguisten sind heute mit Noam Chomsky einer Meinung, dass es eine „Tiefenstruktur" gibt, die allen Sprachen gemeinsam und in jedes Gehirn einprogrammiert ist und nicht erlernt wird.[23] Kinder lernen intuitiv sprechen. Selbst wenn die heutige verbale Menschensprache erst seit der Zeit von vor 100.000 Jahren bis heute entstand (zwei Weltsekunden), so reichte diese Zeitspanne, um im Gang der Evolution ihren Niederschlag in den Genen zu finden. Sprache ist genetisch bedingt und sie ist eine der höchstentwickelten menschlichen Fähigkeiten überhaupt.

Zwei Beweise aus dem Alltag unseres Lebens bestätigen die Zeitspannen, welche gebraucht werden, um notwendige Anpassungen aus der Umwelt im Genom des Menschen zu fixieren. Sie sind nachvollziehbar.

Zugestandenermaßen tut man sich vielfach schwer, solche äußerst komplizierten Vorgänge richtig und brauchbar aufzunehmen. Eine der wesentlichen Ursachen dafür liegt in einer den Menschen nicht zugängigen Erfahrung mit Zeitdimensionen, welche seine eigene Lebensspanne gewaltig übersteigen.

Man weiß jetzt: Jagd-Gene gibt es und Sprach-Gene. Doch wie steht es mit anderen Verhaltensweisen, welche dem Menschen seit Urzeiten inne wohnen?

Wie der Homo von Anfang an Jäger war, so war er auch Sammler. Und wer kennt nicht die Sammelleidenschaft, die in ihrer All-Gegenwärtigkeit zu beobachten ist? Gibt es Sammler-Gene? Was wird nicht alles gesammelt? Bierfilze, Bücher, Gläser, Porzellan, Bilder, Männer sammeln Frauen und auch umgekehrt. Vor allem wird Geld gesammelt, ja gehortet! Nach all dem bereits gesagten ist die Antwort jetzt einfach: Ja, es gibt die **Sammler - Gene,** nur man bezeichnet es nicht so.

Und wie steht es mit dem nomadischen Wandertrieb? Nicht anders! Der heutige Nomade macht es nicht anders wie seine Urahnen. Er lässt das natürliche Gras abweiden und folgt seiner Nahrungs-Herde zu neuen Nahrungsflächen. Die Indianer Nordamerikas folgten über Jahrhunderte hinweg den Büffelherden auf ihren Wanderwegen, denn sie lebten von ihnen. Warum sollte der „Homo erectus" sich anders verhalten haben? Wenn in Urzeiten durch Klimaveränderungen die Nahrung für die Tiere verknappte, brachen diese auf ihrer Nahrungssuche nach neuen Richtungen auf. Der Homo folgte ihnen an die für die Tiere lebensfreundlicheren Plätze und Gegenden. Das ist ebenfalls in das Erbgut des Menschen eingegangen. Wie stark es in uns steckt erleben wir alle täglich; mitunter besonders intensiv, seit 10 % der Weltbevölkerung ein Auto besitzen und wo ein modernes Straßennetz besteht.

Wer als Autofahrer hat nicht mal schon in sich die Neugierde verspürt, zu sehen was hinter dem nächsten Berg ist? Ja, Nomadentrieb = **Wander-Gene**.

Zweifellos entstand die aggressive Grausamkeit des Homo schon im Jagdrudel der Urzeit. Zweifellos ein negatives Generbe des Homo, doch erreichte es allerdings erst dann ungewöhnlichste Dimensionen als es in den Dienst von Ideen gestellt wurde. In den Urzeiten war zumindest die Beschaffung der Eiweißnahrung oft gefährlich bis hin zur Existenzgefährdung. Mut zum Risiko war notwendig und wurde von der Selektion honoriert. Natürlich ist diese Eigenschaft in unseren Genen verankert. Auf die **Risiko-Gene** stößt man in der Moderne in den Grauzonen des Sportes sei es bei den Mountain-Bikern auf Alpinen Sturzpfaden, beim Bungee-Springen, dem Rafting (Wildwasserfahrten) oder dem Dschungeltrekking.

Noch eine Gen-Region muss, wegen seiner generellen Bedeutung, in diesem Zusammenhang erwähnt werden: Es sind die **Eigentums-Gene!** Die moderne Verhaltensforschung schuf den Begriff des „kritischen Raumes", der in der Tierwelt allgemein anzutreffen ist und gleichbedeutend ist mit Raumbesitz. Die Verhaltensforschung lieferte aber noch mehr. Wenn bei jagenden Affenhorden ein Mitglied Beute macht, so ist dies oft ein Stück das in seinem Volumen weit über den eigenen Nahrungsbedarf des Erlegers hinaus geht. Also wird es in der Gruppe verteilt. Wir kennen das auch. Das Recht zum Verteilen besitzt der Erleger. Selbst der Hordenführer, das Alphatier, macht dieses Recht nicht streitig und akzeptiert es, wenn der Erleger ihm, wegen eines früheren Ärgernisses, bewusst ein kleineres Stück von der Beute zuteilt als ihm eigentlich zusteht. Das Besitzrecht, das Eigentum, steckt, ob es gefällt oder bestritten wird, gleichfalls in den Genen.

Es kann zusammengefasst werden: Die Gene sind stärker als geisteswissenschaftliche Plausibilitäts-Thesen oder konträre politische Gesetzgebungen. Der naturgesetzliche Ablauf, wie er in der Evolution beheimatet ist, hat sich noch nie um das Wunschdenken des Homo gekümmert.

Ist Jagd / Weidwerk ein Sport?

In einschlägigen Jagdpublikationen kann man immer wieder einmal lesen, Jagd sei Sport, eine Anlehnung an die angelsächsische Auffassung von diesem menschlichen Tun. Im deutschen Sprachraum wird darüber leidenschaftlich diskutiert, ja gestritten. Im 19. Jahrhundert, wo der Sport noch klein geschrieben wurde, war dies kein Thema. Erst als im 20. Jahrhundert der Sport eine weltweite Ausbreitung fand und unzählige Sportarten entstanden, wurde es wegen des Bestrebens, die Jagd als eine Sportart unter vielen anderen einzuordnen, notwendig, sich mit den Wurzeln des Weidwerks auseinander zu setzen. Mit der Jagd war stets das Töten von Tieren verbunden. Würde die Jagd zum Sport umfunktioniert, dann würde auch das Tiere töten zum Sport. Konnte das sein?

Dazu muss um der Klarheit willen erinnert werden was in manchen öffentlichen Diskussionen mit einer Flutwelle von Behauptungen gerne weggeschwemmt wird:

Das mosaische Lebensheiligkeits-Prinzip, wie es im Dekalog mit dem Gebot „Du sollst nicht töten" gegeben wurde, galt und gilt nur für den Menschen - nicht für Tiere. Das wird schon dadurch deutlich, dass die gleiche Bibel die zahlreichen Tieropfer (Schlacht- und Brandopfer) im jüdischen Kult auf Gott selbst zurückführt. Viele Priester und Schamanen von Naturreligionen halten teilweise bis zum heutigen Tage an Tieropfern für ihre Götter fest. Man kann sie sarkastisch als „sakrale Metzger" ansehen, ganz gewiss aber nicht als „sakrale Mörder". Das Töten der Tiere gehört zum Homo. Dies als Sport einzuordnen wäre mehr als maliziös.

Die Jagdbuch-Autorin M.E. Reiterer setzt sich in ihrem Buch „Ärgernis Jagd?" (S.46-48-Stockerverlag/Graz) mit dem Blick auf die englischsprachige Fachliteratur semantisch damit auseinander. Das englische Hauptwort „Sport" führt bis auf das lateinische „portare" zurück. Und so kommt man zu dem Begriff „Sport" in seiner Bedeutung „Zerstreuung". „Wer sich zerstreut entfernt sich für einige Zeit von der Arbeit." Nun, Jagd kann Zerstreuung sein, greift man im Deutschen auf das Synonym Weidwerk zurück so wird deutlich, dass darin auch Handwerk steckt. Mit Weidwerk wird das gesamte jagdhandwerkliche Spektrum erfasst. Dazu gehört unter anderem das Aufbrechen eines Stückes, das Abhäuten und die Weiterreichung der Wildbeute für die menschliche Nahrung. Es nur als Sport zu verstehen wäre eine Einengung, weil Zerstreuung das nicht abdeckt. Jagd kann als ein Mosaik aus vielen Steinchen gesehen werden, das erst in seiner Vollständigkeit die richtige Fazination ergibt, und das handwerkliche Tun im Weidwerk ist wie in jedem anderen Handwerk allemal zuerst Arbeit.

Handwerk war indes zu keiner Zeit Sport. Man kommt nicht umhin; Jagd-Weidwerk ist das älteste Handwerk des Menschen.

Die Jagd als Teil unserer Kultur

Kulturdefinitionen

Was Jagdkultur ist, lässt sich relativ knapp zusammenfassen. Man versteht darunter alle Beziehungen zwischen dem jagenden Menschen und der Jagd. Dazu zählen insbesondere das Jagdrecht, die Jagdwirtschaft, die Sozialgeschichte der Jäger, die Jagdtechnik, die Jagdliteratur, die Jägersprache, die Jagd in der bildenden Kunst, der Musik und das jagdliche Brauchtum.[1] Natürlich auch die Ethik der Jagd sowie ihre Ausübung im Sinne praktizierenden Tierschutzes und alle Normen humanen Handelns berücksichtigend.

Geht es jedoch darum, die Jagd als Teil unserer Kultur zu beschreiben, wird ihre Bedeutung in unserem Alltagsleben angesprochen. Da sind die Rahmenbedingungen der Jagd für die Menschheit aufzuzeigen. Es ist nachzuvollziehen, wie die Jagd während der Evolution des Menschen dominierend sein Leben beherrschte und welchen Veränderungen die Jagdverhältnisse seit der neolithischen Revolution unterworfen waren. Dazu gehört auch, in welchen vielfältigen Erscheinungsformen sie bis heute noch auftritt, bei denen man gar nicht mehr an Jagd denkt, geschweige denn von ihr spricht – was jagt der Mensch unserer Gesellschaft heute nicht alles! Es darf nicht übersehen oder vergessen werden, dass die einstige Zwangslage des Jagen Müssens in unseren Genen verankert liegt.

Wir Menschen der Gegenwart leben in den industriellen Ballungsgebieten ja nicht in einer Naturlandschaft, sondern in einer Kulturlandschaft. Jedermann kennt deren oft großräumige Zentren, die an ihren Rändern mehr oder weniger tief verflochten sind mit einer Landschaft, die seit Jahrhunderten durch Land- und Forstwirtschaft mitgestaltet wurde, also wiederum selbst Kulturlandschaft ist, wenn auch von anderem Typ. Unsere, den Menschen in den Mittelpunkt stellende Welt, ist eine Realität, die sich nicht umkehren lässt und von daher künftig ein völliges sich selbst Überlassen der Natur ausschließt.

Jede Kultur bedeutet Aufbau, Schwierigkeiten und Spannung, wobei Lebensenergie und Ausdruckswille starke treibende Kräfte sind und Veränderungen innerhalb der Kultur immer auch durch Veränderungen im Denken, also neues Denken, ausgelöst werden. Dabei wird die Vernunft des Handelns eingeschränkt, von der F. A. v. Hayek[2] wohl zu Recht sagt, „dass diese Vernunft nicht vor der Kultur da war, sondern mit ihr gewachsen ist."

Von T. S. Eliot stammt der Satz: „Kultur kann nie völlig eine Sache des Bewusstseins sein." Berücksichtigt man beides, führt dies rasch und direkt zu einer provokanten Frage: Hat die Jagd in der Kultur dieselbe Funktion wie die Hefe im Teig?

Um dies besser verstehen und bewerten zu können, sei zu Anfang eine Definition des allgemeinen Kulturbegriffes vorangestellt. Zur Auswahl stehen viele. Als gut geeigneter Maßstab bietet sich die Definition von W. und A. Durant[3] an, die hier in gedrängter Form zusammengefasst ist.

Kultur ist eine soziale Ordnung, welche schöpferische Tätigkeiten begünstigt. Sie erwächst im wesentlichen aus vier Grundbedingungen, nämlich:

> ➤ der wirtschaftlichen Vorsorge,
> ➤ der politischen Organisation,
> ➤ den moralischen Traditionen und
> ➤ dem Streben nach Wissen und Kunst.

Sie ist also nicht natürlicher Herkunft, auch nicht genetisch vermittelt. Man kann sie als eine Tradition erlernter Regeln des Verhaltens verstehen.

Kultur ist das, was das Leben lebenswert macht, heißt es oft leichthin. Unstreitig gehören zur Kultur die Beherrschung der Natur, genauso wie die des Menschen. S. Freud[4] verstand unter Kultur alle Tätigkeiten und Werte, die dem Menschen nützen, indem sie ihm die Erde dienstbar machen, ihn gegen die Gewalten der Naturkräfte schützen ... Kultur gab es immer nur auf Kosten der Natur und wir sollten uns dieser Wahrheit nicht verweigern.

Tatsächlich ist die Kultur zu aller erst die Summe der Anstrengungen der menschlichen Gemeinschaft, die Grundbedürfnisse des Menschen nach Nahrung, Kleidung, Obdach, Schutz, Fürsorge und Zusammenhalt zu decken, um damit die natürliche, primär feindliche Umwelt zum Vorteil des Lebens zu meistern. Mit dem Beginn des Wirtschaftens wandelte sich der Mensch zum Kulturwesen, weil sein Wirken anfing, ihn damit von der Natur abzuheben.

Erst die Menschen des 20. Jahrhunderts haben sich dazu durchgerungen, Kultur und Zivilisation als ein Ganzes aufzufassen. In diesem Sinne gehören Staat und Religion, Technik und Wirtschaft, Gesellschaftsordnung und Geschäftsmoral ebenso dazu wie die Wissenschaft und die Künste. Im deutschen Sprachraum schmilzt damit die unglückliche Zweiteilung von Kultur und Zivilisation zusammen, welche der angelsächsische in dieser Form sowieso nicht kennt.

Jüngst wurde Kultur im Zusammenhang mit Jagd auch als Zäsur, als kritisches Unterscheidungsmerkmal zwischen Mensch und Tier definiert[5]. Das ist zwar nicht falsch, aber, weil nicht ausreichend genug, zu bescheiden. Kultur kann nicht allein aus dem Weglassen definiert werden. Kultur hat mit der Evolution der Menschheit von Anfang an zu tun, und das sind etwa 500.000 Generationen (bezogen auf die Hominisationsphase). Die Zeitspanne der nicht mehr verlierbaren Überlieferung umfasst gerade maximal die letzten 300 Generationen davon. Der Mensch spricht heute von den Völkern des Buches und ordnet diesen eine höhere Kulturstufe als den nicht schreibenden Völkern zu. Auch das macht deutlich, dass Kultur mehr ist und sein muss, als lediglich eine Grenzlinie zwischen Mensch und Tier.

Rahmenbedingungen und Stellung der Jagd in unserer Kultur

Es steht also die wirtschaftliche Vorsorge zur Lebenserhaltung an erster Stelle, und das bedeutet den verbindenden Brückenschlag zur Jagd als Teil der Kultur von Anbeginn an.

Was war die Jagd in den Urzeiten anderes als Wirtschaft?

Ohne Zweifel müssen wir in ihr unser ältestes Handwerk sehen. Was musste ein Jäger der Urzeit nicht alles selbst können und tun? Viele Tätigkeiten davon haben sich in unserer historischen Zeit durch Differenzierung der Arbeit zu ganz eigenständigen Gewerken entwickelt. Es ist Brauch geworden, so man in die fernen Zeiten zurückgeht, dass aufgeteilt wird zwischen dem Jäger und dem Sammler. Mit Recht? Mussten die Menschen damals zwangsläufig nicht beides zugleich sein? Sicherlich war die primitive Jagd von einst viel zu beschwerlich, um es sich leisten zu können, auf bequemer erhältliche Nahrungsbeiträge, wie sie das Sammeln einbrachte, zu verzichten. Die Aufteilung ergab sich von selbst: Das Sammeln blieb den Schwächeren einer Sippe vorbehalten und war auch dann dem einzelnen noch möglich, wenn Verletzung oder Alter die aktive Jagd einschränkte oder unmöglich machte. Jagen taten nur die erwachsenen Männer, und ihnen wurden kraftvolle Aktivitäten und Initiativen abgefordert. Ganz nüchtern kann man sagen, der Mensch wurde Mensch, weil er in seinen Anfängen vor Millionen Jahren für seinen Lebensunterhalt tötete oder bereits tot aufgefundene Tiere teilweise seiner Nahrung zuführte. Er erntete proteinreiche Nahrung und förderte so die weitere Entwicklung seines Gehirns, das heute immerhin allein 20 Prozent der Stoffwechselenergie verbraucht. Es waren die Jäger, die mit ihren wachen Sinnen, Suchen und Handeln und der Tötung des Wildes durch die Sicherung der Fleisch-Proteinquellen den entscheidenden Beitrag zur Existenzsicherung ihrer Familien leisteten. Vegetarier zu sein, ist für den Menschen keineswegs natürlich. Hätte es sonst die Evolution nötig gehabt, für die Pflanzenfresser einen deutlich anderen Verdauungstrakt zu entwickeln?

Eine reine Kalorienbetrachtung des Nahrungsaufkommens, wie in der amerikanischen Literatur bevorzugt angewendet, wird dem wirklichen Sachverhalt nicht gerecht. Die Dominanz der Jagd ist auch aus diesem Blickwinkel zu sehen und kann deshalb als wichtige Grundbedingung unserer weltweiten Kultur nicht in Frage gestellt werden. Ein solches Kulturverständnis ist nicht neu, es geht bis in die mythischen Zeiten zurück, galt doch beispielsweise den Germanen der jagende Gott[6] als Stifter der Kultur.

Benjamin Franklin bezeichnete als erster den Menschen als ein Werkzeuge herstellendes Tier[7]. Nicht umsonst hat man den Titel Mensch (Homo habilis) jenen unserer tierischen Ahnen verliehen, die es als erstes Geschöpf verstanden, Werkzeuge anzufertigen und zu gebrauchen. Dieses Geschöpf war von Natur aus mangelhaft ausgerüstet und das einzige Säugetier, dessen Überleben vom dauernden Gebrauch seiner Werkzeuge abhing. Es brauchte zum Beutemachen Waffen. Das wird zwar heute gelegentlich bestritten, doch bleibt ja die Tatsache unverrückbar, dass die archäischen Urahnen sich die Waffen schufen. Wozu hätten sie diese anfertigen sollen, wenn sie nicht gebraucht worden wären?

Mit der Waffe, wie auch immer sie ausgesehen haben mag, hat sich ein Kulturfaktor zwischen Darwins Selektion gedrängt. Die Waffe in unserer Hand wurde zwangsläufig ein „biologischer Teil" von uns – auch wenn wir sie als kulturelle Errungenschaft beschreiben – und wir verloren darüber unsere Kampfzähne.

Es sollte hier klargestellt werden, dass ein Naturwissenschaftler, wenn er für die damaligen Zeiten das Wort Werkzeug benutzt, in der Regel Waffen meint. Das Buch der menschlichen Geschichte muss mit diesem Bewusstsein gelesen werden, denn Werkzeuge waren seit eh und je Waffen. Erst in allerjüngster Zeit überdeckt die uns zur Gewohnheit gewordene Auffächerung der Werkzeuge für alles und jedes diese uralte Selbstverständlichkeit. Noch in den Bauernkriegen zogen die Bauern mit Sensen und Dreschflegeln gegen die Spieße und Schwerter der Landsknechtshaufen zu Felde.

Hier sei festgehalten: Der Gebrauch von Werkzeug beziehungsweise Waffe war von Anfang an eine Notwendigkeit und Teil der Kultur. Der Mensch der Vorzeit musste Beute machen. Darin bestand sein exemplarisches Lebensrecht! Die Jagd stellt eine der Urformen der Nahrungsgewinnung dar, und damit blieb sie auch des Menschen stete Herausforderung, sah er ja seine Eiweißversorgung nie dauerhaft gesichert.

Will man nicht in die fehlerhafte Ungerechtigkeit verfallen, die Menschen der Vergangenheit nach den Ideen der Gegenwart zu beurteilen, kommt man nicht umhin, die Zeitetappen, in der die Jagd des Menschen Umfeld beeinflusste, zu vergleichen. In grober Vereinfachung stehen diese Epochen für den Nahrungsjäger, den Marktjäger beziehungsweise Berufsjäger und den Berufs- und/oder Freizeitjäger.[8]

Ohne die derzeit gültige Systematik der Paläontologie exakt heranzuziehen, sei es Australopithecus, sei es Pithecanthropus, lässt sich die Situation mit einem herausgegriffenen Beispiel in der richtigen Größenordnung darstellen. Dem „Olduwai-Menschen" (Homo erectus leakeyi existiert inzwischen in der Systematik nicht mehr) wird ein Alter von 2 bis 3 Millionen Jahren zugebilligt. Nimmt man die untere Grenze von 2 Millionen Jahren, entspricht dies rund 60.000 Generationen. Bis zum Ende der letzten Eiszeit vor etwa 10.000 Jahren, gleich 300 Generationen, hat sich das Leben des Menschen als Jäger, Fischer und Sammler in seiner Abhängigkeit von der Natur wenig geändert. Mit anderen Worten: Für 99,5 Prozent der gesamten Ära unserer Existenz war die Jagd die wichtigste Tätigkeit zur Sicherung der Arterhaltung überhaupt. Eibl-Eibesfeldt formulierte das einmal so: „Ein altsteinzeitlicher Jäger konnte nie ‚arbeitslos' werden. Erst in den letzten 10.000 Jahren, also in dem 0,5-Prozent-Augenblick, setzte jene Wandlung ein, die den Menschen von seiner naturgegebenen Abhängigkeit merklich befreite. Und im Wimpernschlag der letzten drei Generationen davon, wird die Jagd zur Randerscheinung."

In der neolithischen Revolution – ein einige Jahrtausende währender Übergang von der „aneignenden Wirtschaft" zur „produktiven" – ging der Mensch zum Ackerbau über, lernte einige Wildtiere zu domestizieren und veränderte damit den Charakter der Jagd nachhaltig. Wieso? Noch immer beeinflusste und befruchtete ja das Weidwerk die verschiedensten menschlichen Aktivitäten. Allein, unter dem Druck des Wachstums der Bevölkerung wurde die Jagd in ihrer urtümlichen und traditionellen Allroundbedeutung zunehmend beiseite geschoben. Wo es notwendig wurde, die Bedürfnisse von Hunderten oder Tausenden zu stillen und wo etwa in wenigen Tagen 100 Stück Vieh geschlachtet werden mussten, während vorher der Jäger für die Seinen in derselben Zeit vielleicht nur zwei Wildtiere tötete, da entstand der Spezialist, da begann die Arbeitsteilung.

Dieser Prozess ließ sich nicht rückgängig machen und setzte sich bis in unsere Gegenwart fort. In den Zentren der Industrieländer, vor allem in der Mitte Europas, schrumpfte daher das Weidwerk in seiner wirtschaftlichen Bedeutung auf eine marginale Größe. Das stellt allerdings einen lokalen Sonderfall dar. Müssen es etwa gerade deshalb die Jäger erleben, dass ihnen romantisch bewegte, kurzschlüssig denkende Populisten das Töten des Wildes als barbarischen Akt ankreiden, ja dieses als außerhalb der Natur stehend vorwerfen? Dieser Torheit des verlotterten Zeitgeistes kam allerdings ein Faktum abhanden: Nach Eibl-Eibesfeldt sind „tierische Organismen nicht in der Lage, das Schicksal ihrer Art zu steuern. Der Mensch dagegen kann sich Ziele setzen und damit seine Zukunft mitbestimmen …" Er ist die erste Kreatur auf diesem Planeten, die dies selbstverantwortlich und zukunftsbezogen vermag. „Mensch und Tiere stehen nicht auf einer Stufe. Tiere sind keine Menschen! Das verantwortliche Töten von Tieren ist ethisch gerechtfertigt."[9] Es geschieht mit den Haustieren in den Schlachthäusern industriell, und schon in den „Zehn Geboten" hieß es nur „Du sollst keinen Menschen töten"; von Tieren hat Moses nichts gesagt, sein Stamm wäre sonst verhungert.

Tiere sind zwar in der Bundesrepublik Deutschland sowie in Österreich durch das Tierschutzgesetz von der „Sache" zum „Mitgeschöpf" geworden, wogegen es nichts einzuwenden gibt. Indes sollte nicht vergessen werden, dass dies vor allem für die 90 Millionen Deutsche und Österreicher gilt, nicht aber für den Rest der Welt, vom Raum des Hinduismus ganz abgesehen.

Im Haushalt der Natur ist es nun einmal das Schicksal eines jeden Geschöpfes, getötet und aufgegessen zu werden. Selbst der Mensch macht davon keine Ausnahme, wird das Opfer der kleinsten Lebewesen, der Bakterien und Viren. Der Kreislauf der Natur ist perfekt, unerbittlich und nicht veränderbar. Jäger als Lustmörder zu etikettieren, um sie an den Pranger stellen zu können, ist schlicht widernatürlich. Das lässt sich erschreckend krass und präzise verdeutlichen. Man braucht nur auf die Geschehnisse des 20. Jahrhunderts zurückzugreifen und zu vergleichen, wie der Mensch mit seinesgleichen mörderisch umging, dabei aber gleichzeitig einen technischen Entwicklungssprung vollzog, wie es ihn noch nie gegeben hatte.

Ein ungeheuerliches Paradoxon: In einem einzigen Jahrhundert sprang der technische Fortschritt vom ersten Panzerkreuzer zur ersten Wasserstoffbombe, vom Telefon zur Mondlandung, und dabei ist der Mensch dem Verständnis seines Wesens kaum einen Schritt nähergekommen. Die letzten drei Generationen reichten der biologischen Evolution nicht im geringsten, sich genetisch hierzu anzupassen.

Es ist dasselbe Jahrhundert, in dem die Utopie des Sozialismus[10] in seiner rechten (Nationalsozialismus) und linken (Marxismus/Kommunismus) Ausprägung 160 bis 200 Millionen Menschen brutal getötet hat – eine real existierende Massenmordmaschine! Noch besteht ein Unterschied zwischen dem Morden der Menschen und dem Töten der Tiere. B. Ward charakterisierte es treffend: „Wenn die Menschen erst einmal jeden Sinn für die Realität verloren haben, scheint es keine Grenzen zu geben für die Gräuel aus Hass, Leidenschaft, Raserei, die sie aus der Tiefe ihrer Psyche herausholen können."[11] Das Geschehen auf dem Balkan bestätigt das erneut in deprimierendster Weise.

Um angesichts dessen der Jagd als Teil unserer Kultur gerecht zu werden und den ihr gebührenden Platz zuweisen zu können, sind ohne Wenn und Aber die Abhängigkeiten des Menschengeschlechts als eingrenzender Rahmen anzuerkennen. Die Rolle der Jagd, einschließlich ihrer letzten Konsequenz, hat aus dieser Sicht nichts Anomales an sich. Die Nahrungskette des Menschen schließt das Töten des Wildtieres genauso wie des Haustieres naturgesetzlich ein. Um mit K. Lindner zu reden: „Beute machen heißt Tiere töten. Das ist die letzte Konsequenz. Wer das nicht will, muss in einer anderen letzten Konsequenz schließlich Steine essen. Davon kann kein Lebewesen leben."

Die Praxis der Mörderdiktatoren lehrte uns blutigst, wie wenig die Krone der Schöpfung, der Mensch, schnell wert sein kann. Wer gleichwohl und hartnäckig verbohrt das Tier dem Menschen gleichstellen will, ist in seiner hoffnungslosen Realitätsferne nicht bloß ein Kulturbanause, er ist gefährlich.

Jäger sind keine Lustmörder, ebenso wenig wie die Metzger, denen man das allerdings so noch nicht nachsagt. Erstaunlich, wie viel Intelligenz überflüssigerweise verpulvert wird, wenn nur der Vorrat an Illusionen groß genug ist.

Vielfältigkeit der jagdlichen Kulturbeiträge

Nach dieser Stellung unserer Jagd in der Kultur mögen nun auszugsweise einige große Hauptlinien ihrer Beiträge betrachtet werden. Beginnt man mit dem Waidwerk als Handwerk, so ist es zweifellos die Mutter zahlreicher, inzwischen durch die Spezialisierung herangewachsener eigenständiger Gewerke. Ja, man kann modern sagen, dass diese sich zu Berufsbildern entwickelten, die auf den ersten Blick ihre ursprüngliche Wurzel oft nicht mehr erkennen lassen.

Am Beispiel Verwertung der Beute lässt sich die Auffächerung anschaulich verfolgen. Man darf davon ausgehen, dass jedes erlegte Stück Wild optimal verwertet wurde – so gut man es konnte und es die Umstände erlaubten.

Die Haut eines Säugers war Rohmaterial für Kleidung, Schuhwerk, für Riemen und Jurtenzelte, für Transportbehälter bis hin zum Getränkeschlauch. Die Tierhaut musste für die verschiedenen Verwendungszwecke besonders hergerichtet werden und bedurfte zudem einer speziellen Verarbeitung. Nun kam der Mensch infolge der Domestikation einzelner Wildtiere zu Haustierherden und konnte damit seine stets unsichere Eiweißversorgung stabilisieren. Das hatte unmittelbare Folgen. Von den Jägern spaltete sich der Hirte ab. Die Herden wuchsen, und mit ihnen die Bevölkerung. Einherging damit das Aufkommen einer arbeitsteiligen Welt. Allein um die größeren Mengen verschiedenartigster Tierhäute gut zu verwerten, entwickelten sich Berufe wie der des Gerbers, Kürschners, Schusters und Sattlers. Man hat auf diesem langen Weg es unter anderem sogar gelernt, aus speziellen Häuten Pergament herzustellen; ein Material, ohne das die Kultur des Buches nicht denkbar wäre. Bereits die Banalität der Verwertung von Tierhäuten erfüllt die erste Grundbedingung des Kulturbegriffes von W. und A. Durant. Bis heute ist das ein vitaler Beitrag zu unserem Lebensstandard geblieben. Meistens erkennt man ihn allerdings kaum noch, sobald er in Gestalt modischer Accessoires bei der Kleidung, den Schuhen, bei Möbelbezügen oder gar als Ledertapete auftritt. Zobelpelze, der wohl teuerste Winterkälteschutz, den es gibt, brauchten eine solche Evolution nicht mitzumachen. Selten wie sie sind, glänzen sie mit ihren Grannen seit eh und je als Luxusgut. Und das ist ohne Zweifel ein ganz spezieller Kulturbeitrag.

Natürlich ist auch das Metzgerhandwerk ein Kind des Weidwerks. Es erwuchs aus dem Fleischrecht der Eiszeitjäger und wurde dringend benötigt, nachdem der Mensch auf seine Haustierherden beliebig Zugriff hatte. Mittlerweile erstand daraus eine weltweite Versorgungsbranche, der gegenüber das Weidwerk als Tierlieferant eine geradezu kümmerliche Stellung einnimmt. Dessen ungeachtet darf an dieser Stelle die Frage gestellt werden: Leistet etwa die Jagd mit ihren Wildspezialitäten in den modernen Gourmettempeln keinen Beitrag zur Esskultur? Man sollte allerdings darüber nicht vergessen, dass es auf unserem Globus noch viele Plätze und die alltägliche Situation gibt, wo, um mit Herbert Plate zu reden, „geschossen wurde und wird, um den Hunger zu stillen".

Noch eine ganz andere Folge der optimalen Beuteverwertung von einst strahlt bis in unsere Gegenwart aus und beweist außerdem die Identität der Menschheitsgeschichte mit der Jagdgeschichte über 99 Prozent der zeitlichen Vergangenheit. Gemeint ist hier die Tatsache, dass Tierknochen als Waffen und Werkzeug Verwendung fanden. Zwar verharrten die Knochenwaffen sehr lange auf der Stelle, doch schon vor den Eiszeiten besaßen die Jäger Holzlanzen und Speere. Die Cromagnonmenschen bedienten sich ihrer bei den Treib- und Drückjagden. Bei diesen Gemeinschaftsjagden auf die Herden der Wildtiere bedurfte es ferner der Organisation. Das verlangte Abstimmung und Verlässlichkeit untereinander, setzte Solidarität voraus, denn gemeinsam musste das Ziel erreicht werden. Bei Erfolg weitete sich das allgemeine Hochgefühl zur bestimmenden Kraft der Gruppe aus.

Damit klingt die zweite und dritte Grundbedingung der Kulturdefinition an. Für Gemeinschaftsjagden musste es vorteilhaft sein, Erfahrungen zu sammeln, sie auszutauschen, eben eine Tradition der Weitergabe zu schaffen. Der instinktive Rückgriff des Jägers auf sein biologisches Gedächtnis im genetischen Code wurde nun ergänzt durch ein kulturelles Gedächtnis. Sicherlich sind dieser Zeit, wenn nicht früher, die Anfänge des schöpferischen Gestaltens zuzuordnen. Erfahrungsaustausch zur Verbesserung der Waffen und der Jagdmethoden war unerlässlich. Und stets war höherer Jagderfolg das Ziel! Umgekehrt ausgedrückt, man strebte nach erleichtertem Jagen, denn dieses brachte Freiräume und schuf besseres Leben. Die Fortschritte erwuchsen aus der Kombination des genetisch programmierten Instinktreflexes mit dem durch Nachahmung erworbenen Waffengebrauch und entstanden sicherlich gleitend. Offensichtlich vermochte er ausreichend neue Lebensenergie freizusetzen. S. Schwenk[12] fasste das einmal so zusammen: „Unzweifelhaft ist die Jagd die Wiege des menschlichen Sozialverhaltens." Einiges davon schlug sich in der Kunst der Höhlenmalerei nieder, wobei sich der Cromagnonmensch, der Leonardo da Vinci der Eiszeit, in den Höhlen von Vallon-Pont d' Arc verewigte und der Michelangelo der Eiszeit in Altamira seine „Sixtinische Kapelle der Vorzeit" schuf. Eine enge Beziehung zwischen Mensch und Tier findet hier in Tiersymbolen ihren Ausdruck. Dem Menschen ist offenbar sehr früh aufgefallen, dass beispielsweise der Hirsch von der Natur mit besonderen Vorzügen ausgestattet worden war. Das machte auf ihn einen sichtlich nachhaltigen Eindruck. Schließlich wurde in der späteren Götterwelt der Griechen der Hirsch zum Lieblingstier der Artemis.

Hiermit stoßen wir auf die vierte Grundbedingung unseres Kulturbegriffes. Die Jagd als Teil der Kultur erfüllt bereits da die Definition, setzt ihre Beiträge aber fort.

Zum Ende der Eiszeit wurden infolge des Klimawechsels einschneidendste Veränderungen erzwungen. In der Waffentechnik verursachten sie revolutionäre Neuorientierungen. Pfeil und Bogen waren gerade da, Netze wurden als Fanghilfen verwendet, und etwas später, in der Antike, gesellte sich die Armbrust dazu.[13]

Auch in der Gesellschaft trat ein Wandel ein. In der Übergangsphase keimte aus dem Erbgut des „kritischen Raumes" und der Kraftquelle des Umbruchs die kulturell so wichtige Wertschätzung des Besitzes, das Eigentum! Die Jagd blieb zwar immer noch ein hartes Tun. Sie verlangte Waffenübung, brachte Körperertüchtigung und gebar, arbeitsteilig, den Kriegerstand. Den Soldaten fiel fortan zu, das Eigentum zu schützen, nicht selten freilich ebenso fremdes Gut zu rauben.

Neuere Waffen, vor allem in größeren Mengen, dazu Hundemeute, Reitpferd und gezähmter Greif, verbreiterten in ihrer kombinierten Anwendung das Spektrum der Jagdmethoden, das dann sowohl in seiner schlichten wie auch prunkenden Erscheinung bis etwa vor 200 Jahren die Jagdszenerie beherrschte. Etliches hat sich davon bis zum heutigen Tage an manchen Stellen Europas erhalten. So werden im Delta des Guadalquivir nach wie vor die Keiler mit der Saufeder, hoch zu Ross, abgefangen. Es heißt, manche Spanier verzichten sogar auf das Ross.

Inzwischen hatte im 19. Jahrhundert ein waffentechnischer Entwicklungssprung bei den Feuerwaffen neue Akzente gesetzt. Der Übergang vom Vorderlader zum Hinterlader, dazu die gasdichte Metallpatrone, die wiederum das Repetiergewehr ermöglichte, brachte plötzlich eine nie gekannte Überlegenheit des Menschen gegenüber dem Wild. Alles zusammen löste, kaum auffällig, jedoch ziemlich rasch, einen generellen geistigen Umbruch im Denken und Handeln der Jäger aus: Es führte die Verantwortungsethik des Menschen gegenüber seinem Wild ein. Heute ist das im Jagdgesetz als Hege neben der Jagd als gleichberechtigt festgeschrieben. Die Hege, so in diesem allgemeinen Verständnis, kennt man eigentlich erst seit dieser Wende. Sie ist ein Kind des 20. Jahrhunderts. Dagegen spricht keineswegs, dass sie in Ausnahmerevieren, die sich in festen Händen befanden, wie beispielsweise Rominten, Sellye oder der Saupark Springe, es längst als mehrhundertjährige Tradition der dortigen Jäger galt, sich als gute Hirten ihres Wildes zu verstehen. Von Einzelerscheinungen dieser Art jedoch abgesehen, beruht der allgemeine Sinneswandel auf einem Rückkopplungseffekt aus der Erkenntnis, dass die waffentechnische Überlegenheit des Menschen gegenüber seinen Beutetieren zu erdrückend war. Sie durfte nicht grenzenlos ausgeübt werden, so man das Wild nicht ausrotten wollte. Wer sich heute in Frankreich oder Italien umsieht, der weiß, wie erfolgreich und umweltbewusst das deutsche Jagdsystem – gesetzlich seit 1934 festgeschrieben und zumindest in Europa als einzig dastehend anerkannt – für die Erhaltung der Artenvielfalt in Deutschland gewesen ist.[14] Gesetzlich wurden dem Wild Schonzeiten zugestanden, die Zeiten des Jagens auf bestimmte Perioden des Jahres begrenzt. Das Prinzip der schonenden Nutzung wurde dem Jäger durch die Hege damit auferlegt. Die bei uns zudem längst bestehende existentielle Unabhängigkeit vom Wild unterstützte das neue Denken. Nicht wenige alte Jagdmethoden hatten sich damit überlebt und verschwanden von allein, manche wurden auch untersagt. Alles in allem eine angemessene Anpassung. Wer einmal das Jagdalbum von Strassgschwandtner[15] durchgeblättert hat, in dem künstlerisch anspruchsvoll wiedergegeben wird, wie man noch im 19. Jahrhundert zu jagen pflegte, wird sich recht unmittelbar bewusst, welche Selbstbeschränkung und Rücknahme des Jägers seither stattgefunden hat, und das im angestrebten Konsens mit den nicht jagenden verständnisvollen Mitbürgern unseres Umfeldes.

Diese historische kulturelle Leistung ist den Jägern bewusst gewesen, die Allgemeinheit hat sie indes eher beiläufig registriert. Sie verdient es deshalb, und gerade in einer Zeit der zynischen Massenvernichtung des Menschen, besonders hervorgehoben zu werden. In der Mitte Europas gab es eine seit Generationen gepflegte Tradition des Weidwerks. Zum anderen hatte der industrielle Aufschwung schon vor der Wende vom 19. zum 20. Jahrhundert wie nirgendwo sonst in der Welt Fundamente für neue Lebensqualitäten bereitgestellt. Man verstand beides zu verbinden. Mit anderen Worten: Erstmals in der Geschichte ging es der Mehrheit eines Volkes so gut, dass man es sich leisten konnte, den anderen Geschöpfen der Welt gegenüber größere Toleranz und Rücksichtnahme aufzubringen. Seinen juristischen Niederschlag fand dies in unserer modernen Jagdgesetzgebung. Sie stellt einen Wert an sich dar, denn sie genießt weltweite Anerkennung. Ja, ihre Hochschätzung geht so weit, dass, vom deutschsprachigen Zentraleuropa ausgehend, die Länder des Ostens wie des Westens sich daran orientieren und sich, unter Berücksichtigung der jeweiligen örtlichen Besonderheiten, daran anlehnen. Kann man mehr wollen, als einen Beitrag zu leisten, der als Vorbild wirkt und ausstrahlt? Lebendig sind Kulturen nur, wenn sie ihr Kulturgut in die Ferne exportieren und es dadurch verbreiten können.

Dieser Eichwert gilt natürlich auch für unsere Jagdkultur. Es wurde ein neuer Maßstab im Mensch-Wildtier-Verhältnis geschaffen. Man darf es ruhig aussprechen: Die Jagd in Europa ist zum Unterschied von der Jagd in der Welt ein Zentrum der Jagdkultur. Die wahre geistige Größe Europas, und damit ist die Kultur gemeint, entsprang ihrer Vielschichtigkeit. Die Jagd als Teilstück dieser Entwicklung ist ebenfalls vielschichtig. Ja, sie ist sogar sehr bestimmend in ihr verwurzelt, denn sie wurde zu einem in die Gene eingegangenen Erbstück. Freilich ist dieses Erbe über viele Berufe aufgesplittert, blieb in verdeckter Form anderen Führungsfunktionen vorbehalten: Staatsmännern, Wirtschaftsführern, Generälen, Diktatoren. In diesen Fällen werden andere Trophäen als ein paar Knochen zur Schau gestellt: Diamantkolliers am Halse der Schönen, Rang, Titel, Orden.

Die Dominanz der Gene wurde unter dem Einfluss des Behaviorismus und des Gleichheitsgedankens, wie man ihn aus den utopischen Lern- und Erziehungsvorstellungen des Marxismus ableitete, bis in die letzten beiden Jahrzehnte des 20. Jahrhunderts in unserer Gesellschaft bestritten. Bei den Naturwissenschaftlern hatte man indes seit über einem halben Jahrhundert diesen öffentlichen Meinungsstreit hinter sich gelassen, weil die Beweise für die Macht der Gene eindeutig auf der Hand lagen. Für die Allgemeinheit jedoch führte der Zusammenbruch des Sozialismus mitsamt dem Scherbenhaufen seiner Interpretationen zu ehedem kaum denkbaren Wendemanövern. Die „neue Genwahrheit„ wurde binnen der letzten 10 bis 15 Jahre zum allgemein anerkannten Jagdgen.

G. R. Kühnle[16] ergänzt dieses Faktum mit einer aufschlussreichen Bemerkung: „… es verdient festgehalten zu werden, dass die Wiege der menschlichen Kultur (zeitlich verstanden) in jenem Abschnitt stand, in dem der ‚Jäger in mörderischer Absicht' allmählich verschwand und die innerartliche Auseinandersetzung durch Versklavung und Arbeitszwang eine andere Lebens- und Erscheinungsform erhielt."

Im Zuge der kulturellen Evolution fällt in der Gegenwart der Jägerei ein wesentlicher Beitrag hinsichtlich der heute noch freilebenden Tierwelt zu. In keinem Zeitpunkt deutscher Jagdgeschichte waren die Jäger darin so gefordert wie heute! Was das bedeutet, kann vor allem derjenige ermessen, der die archaische Missachtung des Tieres kennt, wie sie in weiten Teilen der Welt ungebrochen besteht. Im ganzen Kulturkreis des Buddhismus ist dieses Verhältnis völlig anders als bei uns. Jeder Besucher Südamerikas kann bald erkennen, wie wenig der Mensch sich in diesen Ländern Sorge um die heimische Fauna macht. Man erlebt die Menschen äußerst pragmatisch und direkt handelnd, etwa nach den Maximen „Was nichts kostet, ist nicht viel wert,, oder „Was nutzt es mir?,, In unseren Zonen der Sattheit wird vielfach übersehen, dass des Menschen Abhängigkeit vom Tier generell, auch vom Wildtier, für etwa 80 Prozent der Weltbevölkerung nach wie vor besteht."

Zum Jäger von heute gehört jedenfalls sein Wirken beim Natur- und Tierschutz. In dieser Verpflichtung weist uns das Weidwerk der Gegenwart auf die Verantwortung hin, unsere Ressourcen zu pflegen. Damit dies erfolgreich bewirkt werden kann, wird der jagdlich interessierte junge Mensch in der traditionellen Jägerlaufbahn erzogen. Es gilt dabei, unabdingbare Eigenschaften des Jägers auszubilden und zu stärken, wie Selbstbeherrschung, Disziplin – etwa bei der Zurückhaltung beim Schuss –, Wertschätzung des Wildes zu praktizieren oder Stehvermögen zu lernen. Für Hemingway bedeutete Jagd schlicht, dass man nicht aufgeben darf. Biologisches Denken und handwerkliches Können formen den Jäger zum Wissenden und Kundigen.

Das alles sind in der bunten Reichhaltigkeit des Weidwerks Kulturbeiträge. Sie spiegeln sich für jedermann beim Besuch eines Jagdmuseums wider, wo sie auch anschaulich nachvollzogen werden können.

Öffentliche und viele private Jagdmuseen stehen heute in ganz Europa der Allgemeinheit hinreichend zur Verfügung. Alle zeigen die breite Verwurzelung der Jagd in unserer Kultur. Museen selbst sind allerdings nur eine Institution der Kultur, nicht etwa Kultur per se. Sie erfüllen die wichtige gesellschaftspolitische Aufgabe, jeden Interessierten mit der Jagdgeschichte als Menschheitsgeschichte einerseits und andererseits mit den Wirkungszusammenhängen des Ökosystems allgemein vertraut zu machen.

Ausstrahlung der Jagd in die Künste

Dass die Jagd mit den Künsten im weitesten Sinn verbunden ist, weiß jedermann. Ebenso kennt jedermann die durchgehende Linie der Jagdmalerei von der Steinzeit bis heute. Die Bücher von H. Voss „Die große Jagd"[17] und K. Berrens „Geschichte der Jagdkunst"[18] dokumentieren in prachtvoller Weise die Jagd als Mutter aller bildenden Kunst. Es kann nicht alles aufgezählt werden. Sicher ist immerhin, dass auch gegenwärtig, weil an den beliebten Motiven unseres Wildes in der Natur ungebrochenes Interesse besteht, ein Teil des Kunsthandwerks unserer Tage damit seine Existenzgrundlage bestreiten kann. Ist das etwa kein Kulturbeitrag?

In ganz ähnlicher Weise hinterließ das Weidwerk seine Impulse in der Musik. Auch Nichtjäger kennen C. M. v. Webers „Der Freischütz." Dämonische Mächte walten in ihm, und es nimmt nicht Wunder, weshalb er den „Jäger-Faust" verkörpert. „Der Wildschütz" von Lortzing sollte wohl den Freischütz übertreffen, doch das gelang nicht. Selbst Mozart hat die Jagd in seinen Schöpfungen verewigt. In jener Zeit gab es noch viele Konkurrenzstücke mit Jagdmotiven, doch sie fielen weitgehend der Vergessenheit anheim. Ungebrochen dagegen erwies sich neben den Klassikern der Jagdmusik das jagdliche Volkslied. Beides zählt ohne Zweifel zu unseren Kulturgütern[19], von den Jagdhornbläsern einmal ganz abgesehen, die sich alljährlich zu ihren Wettbewerben versammeln.

Nicht zuletzt hat das Weidwerk sogar seine eigene Sprache. Entgegen allem äußeren Schein hat die Weidmannssprache verhältnismäßig wenig mit dem weidmännischen Brauchtum oder der Jagdgeselligkeit zu tun. Jeder Beruf verfügt über Fachausdrücke, denn man benötigt die klar umrissenen Begriffe. Wer kennt nicht das Juristen-, Beamten-, Mediziner- oder Technikerdeutsch? So hat eben auch die Jagd ihr eigenes Idiom. In der Tat ist die Weidmannssprache die differenzierteste und umfangreichste Sondersprache im deutschen Sprachraum. Sie ist noch lebendig und kennt deshalb keine endgültige Form. Sie fließt, nimmt Neues auf, scheidet Altes aus. Dass dem so ist, beweist unsere Jagdbelletristik überzeugend. Erfreulich zu sehen, wie sie sich zu einer Literaturgattung eigener Art entfaltete. Noch bleibt sie vorwiegend auf den deutschsprachigen Raum bezogen und kennt ihresgleichen im Ausland bei weitem nicht in einem ähnlichen Ausmaß. Dies sollte einmal des Nachdenkens wert sein, ob das im Zusammenhang mit unserem Jagdsystem steht? Wie auch immer, es sollte die Jagdschriftsteller ermutigen, das Kulturgut Jagd, zumindest als zur Verfügung stehendes Wissen, stärker als bisher in den Köpfen unserer Zeitgenossen lebendig werden zu lassen.

Für die Zukunft dürfte jedoch zusätzlich gefordert und notwendig sein, diese Anstrengungen mit einer richtigen Einbettung der Jagd in die Widersprüchlichkeiten des menschlichen Wesens zu verbinden. Esoterische Einigelung bringt nichts, reine Verteidigung hilft wenig. Offen sollte bekannt und offensiv vertreten werden, was

K. Lindner[20] so sagte: „… dass die Jäger jagen, weil es ihnen Spaß macht, dies zu tun. Hat man nicht Anspruch auf Freude und ist dieser nicht ebenso fundamental wie unser Anspruch auf Freiheit? Freude gehört zu den Urrechten des Menschen."

Wehret dem Neid, der die Freude missgönnt. Leicht wird das nicht sein. Nicht alle marschieren im gleichen Schritt, nicht alle haben dasselbe Ziel. Nun, das soll die Jäger nicht hindern, ihre Freude mutvoll zu bekunden. Es liegt an den Weidmännern, den Sinn des Weidwerkens verständlicher zu machen – ohne Verklemmung, ohne Ausflüchte, ohne Verbrämung. Schließlich besteht die Pflicht, dies dem Nachwuchs, den werdenden und den jungen Jägern, weiterzureichen. Die Jagd ist ein biologisches und kulturelles Erbe, das die Menschheitsgeschichte geprägt hat.[21] Wie alles, unterliegen ihre Aufgaben dem Wandel in der Zeit. Dabei bleibt die Jagd, wie es das Motto des Bundesjägertages 1994 absolut zutreffend ausdrückt, unentbehrlich: Jagd in Deutschland – flächendeckend unverzichtbar.

Freilich, man muss jedoch gegen den Menschen nachsichtig sein. Bedenkt man die Zeit, in der er erschaffen wurde, so ist diese, gemessen an der Evolution des Lebens, nämlich recht kurz, und emotionale Betonblöcke, die im Wege liegen, haben ihre eigene Beharrlichkeit. Es kostet viel Mühe, sie beiseite zu räumen.

Weidwerk – Ökologie – Ökonomie – Umweltschutz

Klarstellungen und Abgrenzungen bestimmende Faktoren

Das Weidwerk hängt, wie jede andere menschliche Berufstätigkeit, von seiner Umwelt ab. Wer sich an Details heranwagt, stößt auf die komplexen Zusammenhänge von Ökologie und Ökonomie und kommt nicht umhin, von vornherein Klarstellungen und Abgrenzungen vorzunehmen. Das heißt:

> ➢ die Grenzen des sinnvoll Machbaren herauszuarbeiten,
> ➢ der Vernunft die bestimmende Dominanz des Handelns zuzuordnen,
> ➢ die historischen Erfahrungen im Hinblick auf unsere Verantwortung

auszuwerten.

Nur so kann man mit Blick auf unsere Verantwortung den kommenden Generationen gegenüber falsche Aktivitäten unserer Zeit deutlich machen und richtige Lösungsansätze angehen.

Als erstes ist festzuhalten: Es gibt kein Wirtschaftssystem, welches nicht Umweltbelastungen mit sich bringt. Da die Jagd ein Teil unserer Wirtschaft ist, gilt das auch für sie.

Als zweites ist festzuhalten: Die Umweltbelastungen so klein als möglich zu halten, muss unser aller Aufgabe sein.

Als drittes ist festzuhalten: Wenn in Diskussion steht, was getan werden soll oder muss, muss man auch wissen, wie viel dafür finanziell aufgebracht werden kann. Jede Gesellschaft kann sich tatsächlich mit ihren Idealen nur so weit vorwagen wie der materielle Boden trägt.

Die finanzielle Grenze des Machbaren stellt ein generelles Problem dar. Mit Ökonomie und Ökologie allein lassen sich nur selten Umweltmaßnahmen beurteilen. Wir benötigen dazu die Wissenschaften und die Technik. Die moderne chemische Analytik kann heute für viele Stoffe quantitative Aussagen machen, deren Zahlenangaben in Größenordnungen liegen, die für viele Menschen nicht nachvollziehbar sind. Welcher Normalbürger macht sich beispielsweise eine Vorstellung, was es bedeutet, einen einzigen Teil eines Fremdstoffes in einer Million Teile eines gänzlich anderen homogenen Stoffes zu haben?

Diese Schwierigkeit hat unmittelbare negative und kostenträchtige Folgen. Aus Unkenntnis bzw. Halbwissen werden Sachverhalte entweder übertrieben oder viel zu sehr vereinfacht und dann häufig viel zu simple Lösungen kurzschlüssig vorgeschlagen. Teure Sackgassen!

So konnte der „Ökologismus total" entstehen, wie er in seinen bizarren Blüten nur in der Bundesrepublik Deutschland existiert und in keinem anderen Land sonst. Er wird auch treffend als „Der sanfte Wahn" bezeichnet.[1] Die Gegenposition hierzu wächst aus dem geduldigen Sammeln vieler, vieler Einzelinformationen zahlreicher miteinander vernetzter Miniökosysteme.

Historische und gegenwärtige Beispiele

Ehe nun konkrete Beispiele des Weidwerks folgen, wird es zweckmäßig sein, kurz einen Blick in unsere Geschichte zu tun, um zu sehen, wie schwierig es schon immer war, mit unbekannten Risiken fertig zu werden.

Sobald es für die Menschen dichter wurde, weil sie anfingen, in den Städten näher aufeinander zu rücken, hatten sie ihre Umweltprobleme. Mangelndes Wissen und die fehlenden technischen Fähigkeiten ließen den Ratsherren jedoch nur wenig Entscheidungsfreiheit. Immerhin gab es schon gesetzliche Umweltvorschriften. Die Stadtverwaltungen des Mittelalters wandten bereits das Verursacherprinzip an. Sie verlangten von ihren Bürgern, dass Fäkalien auf eigenem Grund und Boden zu entsorgen sind. Die damals übliche Lösung bestand in tiefen Fäkalienschächten, die in der Regel Anschluss an das Grundwasser hatten. Da die Wasserversorgung jedoch auch auf dieses Grundwasser zurückgriff, entstand jener verhängnisvolle Kreislauf bestimmter Krankheiten, wie sie durch Darmparasiten ausgelöst werden und gelegentlich in lokalen Epidemien von Cholera und Typhus manifest wurden.

Die Darmparasiten wurden jedoch erst im 19. und 20. Jahrhundert entdeckt. Man kann also aus heutiger Rückschau sagen: Die auf Nichtwissen basierende scheinbar umweltfreundliche verursachergerechte Entsorgungstechnik des Mittelalters brachte den Menschen in Gefahr. Erst der Fortschritt der Wissenschaft entlarvte die Umweltmaßnahme als unsinnig. Die Einführung der Hygiene, wie sie vor allem mit dem Namen Pettenkofer verbunden ist, der in München die heute übliche zentrale Wasserversorgung und getrennte Abwasserleitung durchsetzte, hat dieses große Umweltproblem, zumindest bei uns, dauerhaft gelöst.

Es heißt, Cholera sei die Krankheit der armen Leute. Mit gleichem Recht kann man dies auch von der Pest sagen. Es heißt ferner, beide brauchen Chaos und Not.

Ein aktuelles Beispiel der Gegenwart bot Indien im Herbst 1994. Die extrem miserablen hygienischen Verhältnisse und der Mangel an sauberem Frischwasser ließen – und lassen weiterhin – die Krankheiten des Drecks aufflackern. Solange der Mensch seinen Abfall nicht entsorgt oder gar, wie Indien, zur Heimstatt von Rattenpopulationen werden lässt – es gibt Schätzungen, die von 5 Milliarden Ratten auf der ganzen Welt ausgehen –, darf der Mensch sich nicht wundern, wenn epidemische Seuchenzüge massiv in Ökosysteme eingreifen.

Beide Beispiele zeigen dieselben tödlichen Grenzen auf, wie sie aus Umweltproblemen erwachsen können, wenn auch aus unterschiedlichen Gründen. Bei der Entsorgung der Fäkalien im Mittelalter wurde wohl überlegt gehandelt, aber die fehlende Kenntnis über Parasiten und deren Kreislauf gebar immer wieder verheerende Epidemien. Bei der Entsorgung des Abfalls in Indien handelte der Mensch nicht, obwohl Kenntnisse über Pestgefahren inzwischen vorlagen. Das richtige Handeln zu unterlassen, kann mithin genauso tödlich sein wie das Handeln unter falschen Voraussetzungen.

Ein Antagonismus. Trotzdem ist der Pfad des Umweltschutzes zwischen solchen Gegensätzen zu suchen.

Waldsterben und Schalenwildschäden

Ohne Zweifel ist der Wald ein besonderes Gut der Menschheit. Er stellt Rohstoffe bereit, speichert Wasser, schützt den Boden. Er erhält eine Artenvielfalt, ist Kohlenstoffspeicher in seiner Funktion bei der Photosynthese und ein nicht wegzudenkender Erholungsraum für die Menschen, kurzum ein unverzichtbarer Teil der menschlichen Lebensgrundlagen.

Wenn so ein allgegenwärtiges Ökosystem zu sterben droht, wird das natürlich zu einem Umweltproblem ersten Ranges für den Menschen, und die Suche nach den entscheidenden Gründen ist einer ernsthaften und umfassenden Anstrengung wert. Dabei rücken zahlreiche Parameter als Verursacher in das Blickfeld, und einer davon betrifft die Wildtiere des Waldes, vor allem die Schalenwildarten. Urplötzlich steht ein Umweltproblem vor dem Weidwerk und seiner Jägerschaft, wobei es zunächst gänzlich unerheblich ist, ob dieses Problem objektiv existiert; auch seine subjektive Existenz muss ernstgenommen werden.

Gar schnell entstehen gefährliche Forderungen nach „geeigneten Gegenmaßnahmen", voller Ungeduld vorgetragen und unabhängig davon, dass sich das komplexe Beziehungsgeflecht eines solchen Vorgangs nur äußerst schwierig durchschauen lässt. Man macht es sich einfach. Man registriert überhöhte Schalenwildbestände in den Koniferen-Monokulturen, beobachtet ihre Schadensverursachungen, verlangt kurzschlüssig Reduktionsabschuss und bleibt wie ein guter Schweißhund auf dieser Fährte – von Blindheit geschlagen!

Die Jäger haben ein Umweltproblem! Unser letztes Großwild, das Rotwild, droht ausgerottet zu werden, weil wir es auf kleine, kaum noch lebensfähige Inselvorkommen zusammenschießen müssen.

Waldsterben – findet das wirklich statt?

Seit einem viertel Jahrhundert steht dieses Thema in der öffentlichen Diskussion und hat gewaltige Wellen geschlagen. 1996 wurde das Ergebnis einer europäischen Studie vorgelegt, die, auf kurzen Nenner gebracht, besagt: Der Wald wächst wie nie zuvor. Die Holzvorräte nehmen zu!

Stirbt der Wald nun oder wächst er? Wachstum ist der Gegensatz von Sterben. Wir stehen vor einem Paradoxon, das in der Härte seiner Aussage ganz schlicht nur eines zulässt – Sterben oder Leben! Ein Mittelding gibt es nicht, gleichgültig, was da von allen offiziellen und halboffiziellen Stellen als relativierende Betrachtungen abgesondert wird.

Wächst der Wald, bleibt der Horror aus. Wir werden das in wenigen Jahren genau wissen! Allein, um deutlich zu machen, wie komplex ein Thema „Waldsterben,, in Wahrheit ist, tut ein zusammenschauender Rückblick dringend Not. Er zeigt unter anderem auch, wie hilflos eine redlich tätige Jägerschaft bei all ihrem richtigen Bemühen ist, wenn sie der Trend einer Zeitströmung an den Rand des Geschehens spült. Stirbt der Wald nämlich nicht, können letztlich die Verbissschäden unserer Wildtiere ihn auch nicht lebensbedrohend gefährdet haben. Und alle voreiligen Maßnahmen entpuppen sich als falsch, unnötig und blamieren ihre Protagonisten und die Verantwortungsträger wegen ihrer dürftigen Gedankenklarheit.

Sehen wir uns also einmal das Waldsterben der letzten 25 Jahre chronologisch an – wie man es emotional aufheizte, wie man längst bekannte Tatsachen ignorierte, und letztlich wegen mangelnden Systemvertrauens (darauf wird später noch ausführlicher eingegangen) eine breite Öffentlichkeit wie den Stier am Nasenring vorführte.

Bereits 1972 hatte der Bund für Umwelt- und Naturschutz Deutschland e.V. in Kelheim Hinweisschilder aufgestellt mit dem Text: „Hier sterben die Kiefernwälder." Diese Tafeln mussten damals auf behördliche Anweisung wieder entfernt werden, doch das genügte dem Bund für Umwelt- und Naturschutz Deutschland e. V., um 1992 aus dieser Aktion ein makabres Jubiläum zu stilisieren. Damals hieß es als Quintessenz im Schlusssatz: „Der Hauptschädling des Waldes ist nicht der Borkenkäfer, sondern das Auto."[2]

Das Vierteljahrhundert-Jubiläum fällt aus. Der Wald wächst so schnell wie nie zuvor!

Tatsächlich hatte uns das Klima in den Jahren 1971 bis 1983 mehrere Trockenperioden beschert, darunter den extrem trockenen Sommer von 1976, den Dürre-Sommer, den die Meteorologen hinsichtlich der Niederschlagsmenge mit dem Sommer von 1851 verglichen. Meldungen von einem kränkelnden Wald häuften sich in der Tagespresse und verdichteten sich Anfang der achtziger Jahre unter dem griffigen Schlagwort Waldsterben. Eine fieberhafte Suche nach den Ursachen brach aus, wobei recht früh und reichlich unkritisch das Waldsterben dem Menschen und seiner Tätigkeit zugeordnet wurde. Zwar gab es bereits zu diesem Zeitpunkt unter den Forstwissenschaftlern kompetente Fachleute, die das Waldsterben als unmittelbare Folge des Klimageschehens ansahen und auf die bekannten Trockenperioden oder extremen Temperaturstürze hinwiesen, wie sie in der Fachliteratur für das 20. Jahrhundert mehrfach beschrieben worden waren.[3] Indes, ihre Stimmen fanden kaum Gehör. Das Vertrauen in die gewachsene Kompetenz war in der Allgemeinheit verlorengegangen, und nahezu jedermann schien es besser zu wissen. Der Forstwirtschaft und ihren administrativen Verwaltungsstellen blieb nichts anderes übrig, als eine unerwünschte Gratwanderung zwischen einer fast krankhaften Angst des rumpelstilzchenhaften Zeitgeistes einerseits und den nüchternen Tatsachen des Waldgeschehens in langen Zeiträumen andererseits mitzumachen. Auffiel gleichwohl von Anfang an, dass man sich von dieser Seite mit einfachen Schuldzuweisungen äußerst zurückhielt. Man wusste um die Komplexität des Geschehens und wollte möglichst alle hier mitspielenden Faktoren in eine Bewertung einbeziehen.

Jedenfalls erstatteten seit 1982 die zuständigen Landesforstminister jährlich einen Waldzustandsbericht. Und dabei geschah einiges Merkwürdige, das jeden nüchternen Betrachter nachdenklich stimmen musste. Zunächst brauchte man eine Methode, um den Krankheitszustand der Bäume einschätzen zu können. Man wählte dazu den Kronenzustand von „Probebäumen" – „Kronenverlichtung" genannt –, und hiernach wurden die Waldschädenskarten des Umweltbundesamtes erstellt. Da die Bewertung in den deutschen Landen jedoch nicht nach gleichen Gesichtspunkten erfolgte, dauerte es bis 1984, ehe man sich in den Bundesländern auf eine einheitliche Methode geeinigt hatte. Erstaunlich! Merkwürdig auch, dass man bis 1984 keine systematische Studie über den Zusammenhang zwischen Klima und Waldschäden, als begleitende Maßnahme eigentlich unerlässlich, erstellte.[4] Es wurde lediglich zugestanden, dass die Witterungsereignisse den Waldzustand seit eh und je beeinflußten.[2]

Am merkwürdigsten freilich war das unheimlich rasante Tempo der Verschlechterung des Krankheitsbildes unseres deutschen Waldes. Von 1984 an kletterte die Bewertung innerhalb weniger Jahre bis 1991 von 50 Prozent auf 63 Prozent, und nach einer Karte „Siechende Landschaft" des Umweltbundesamtes gab es auch beachtlich große Waldflächen mit über 70 Prozent.[2] Hiernach musste der halbe Wald Deutschlands hoffnungslos erledigt sein, und genau das widersprach dem Augenschein jedes Sonntagspaziergängers und all jener, die sich im Erholungsraum Wald tummelten.

Man sah auch kein Baum- und Strauchsterben entlang der Autobahnen, dort, wo die Autoabgase infolge des starken Autoverkehrs stärker konzentriert waren als anderswo, ihre schädliche Wirkung sich also sichtbar hätte entfalten müssen.

Mit der Keule des Waldsterbens drosch man auf die Verkehrslawine ein. Das Thema bekam absurde Züge, die sich dann dem weiteren Ablauf aufdrängten und nicht selten mit falschem Aktionismus die Wirklichkeit auf den Kopf stellten. So wurde beispielsweise die Ausnahme des großflächigen Waldsterbens im Erzgebirge, das unbestritten den klassischen Rauchschäden, also den Abgasschwaden der Braunkohlekraftwerke, zuzuordnen ist, in billiger Verallgemeinerung für jedes Waldsterben anderswo herangezogen. Wer als Wanderer in Garmisch-Partenkirchen den Wank besteigt, steht ab einer gewissen Höhe vor einem völlig abgestorbenen toten Wald. Er bedeckt die ganze Bergkuppe. Dort hinauf führt keine Autostraße.

Die Stadt München, als Ballungsgebiet und potentieller Luftverschmutzer, liegt 100 Kilometer nördlich von dem Berg, und Nordwinde wehen sowieso selten. Im Westen liegen die Industriegebiete im Oberrheingraben, und deren negative Auswirkungen müssen allemal zuerst im Schwarzwald zu spüren sein. Im Süden liegt eine Alpenkette von etwa 3000 Meter als Querriegel und Sperrmauer vor dem Südwind, und dieser Gebirgszug dehnt sich in schützender Form weit nach Osten fort. Woher kommt hier das Waldsterben? Direkte klassische Rauchschäden können es angesichts des Luftkurortes im geschützten Winkel nicht sein, und der übliche Straßenverkehr existiert weit und breit nicht. Sicherlich wird durch den Flugverkehr, der zunehmend dichter wird, die Atmosphäre einer Umweltbelastung ausgesetzt. Eine Verschmutzung, die, sobald sie in Bodennähe ankommt, Waldschäden mit verursachen könnte. Das ist denkbar. Doch das müsste dann wegen der Verteilung flächendeckend zu beobachten sein. Die lokale Konzentrierung, wie am Wank, erklärt sich damit nicht. Der Wank ist lediglich eine jener klassischen Kammlagen mit relativ dünner Krume und deren bescheidener Fähigkeit zum Wasserspeichern. Es genügt schierer Wassermangel, und dieser verursacht in solchen Fällen die ins Auge stechenden Dürreschäden.

Auch die Ergebnisse der Waldschadenerhebung der UN/ECE 1991 machen stutzig. Da werden Gebiete wie Schottland und Weißrussland mit über 50 Prozent bewertet,[5] und die sind gewiss weder Kernzonen industrieller Tätigkeit noch solche für den Autoverkehr.

Um kein Missverständnis aufkommen zu lassen: Die Sorge um das Nationalgut Wald berechtigt zu jeder Zeit, der Gefahr eines echten Waldsterbens entgegenzutreten. Mehr noch, es ist dies sogar eine unerlässliche Pflicht unserer Gesellschaft. Die Frage, um die es hier indes geht, lautet: Stirbt der Wald oder wächst er? Genauer, haben wir es nur mit vorübergehenden Wachstumseinschränkungen zu tun und dominiert das Klimageschehen, demgegenüber der Mensch machtlos ist, oder sind es die durch den Menschen verursachten Einflüsse, die eine gefährliche Anomalität auslösen könnten. Letztere müssten jedenfalls beeinflussbar sein.

Es sei noch einmal zurückgeblendet, denn schließlich darf nicht vergessen werden, dass es den sauren Regen gibt. In den ersten Wochen der Diskussion war es der schwefelsaure Regen aus den Autoabgasen. Ein Nonsens! Ein Anfangsverdacht fiel, wie könnte es in der Hektik der aufflammenden Schuldzuweisungen schon anders sein, auch auf die Industrie, vornehmlich die chemische. Derselbe verbohrte Unverstand! Aufgrund der Umweltschutzauflagen der TA-Luft hatten sich die Emissions- und Immissionswerte für Schwefeldioxyd in den letzten drei Jahrzehnten bis auf ein Drittel des ursprünglichen Wertes verringert.[4] Es dauerte drei Monate, bis man unter dem Einfluss besonnenerer Stimmen sich bei dem sauren Regen der Rolle der nitrosen Gase zuwandte.

Nun ist saurer Regen nichts Neues. Schon 1852 hat der englische Chemiker Robert Angus Smith den Begriff „acid rain" geprägt und auf den Zusammenhang zwischen der Luftverschmutzung im Raum Manchester und dem sauren Regen hingewiesen. Die klassischen Rauchschäden waren also damals bereits in einem punktuell extrem belasteten Gebiet erkannt worden. 1872 erschien von ihm ein 600 Seiten umfassendes Buch über das Thema, das allerdings damals niemanden interessierte.[5] Weltweit ernstgenommen wird der saure Regen erst seit 1967, als der Schwede Svante Odén seine Untersuchungen über die Veränderungen der Regen-pH-Werte vorlegte und deren eventuelle Folgen für den Fischbestand der skandinavischen Seen schilderte. Von den rund 100.000 Seen Schwedens haben 1987 etwa 6000 keinen Fischbestand mehr und 14.000 sind nur noch schwach belebt.[6]

Ist die Wirkung des sauren Regens auf den Fischbestand zahlreicher Seen unbestritten, so ist der Zusammenhang zwischen saurem Regen und Waldsterben nicht klar. Sehr unklar ist außerdem, ob neben den bekannten anthropogenen Quellen der nitrosen Gase nicht auch noch ein Klimageschehen – unbeeinflussbar natürlich – mit eine bedeutende Rolle spielt. Nitrose Gase entstehen an jeder Feuerstelle, am häuslichen Herd genauso wie in den Automotoren, jedoch auch bei jedem Blitz in der Atmosphäre. Das Gewittergeschehen ist seit eh und je ein Bestandteil unseres Klimas. Und Blitze gibt es seit vielen Millionen Jahren. Hat man die Blitze unterschätzt? Eine erst jüngst bekannt gewordene Zählung aus einem kalifornischen Institut[7] registrierte zwischen 70 und 100 Blitze in jeder Sekunde. Das sind maximal 360.000 Blitze pro Stunde. Es finden gewaltige chemische Schlachten in der Atmosphäre statt. Die jährliche NO_x-Produktion musste nach oben korrigiert werden. Man liegt zurzeit bei 10 Millionen bis 15 Millionen Tonnen pro Jahr. Das entspricht etwa einem Drittel bis zur Hälfte der nitrosen Gase, wie sie durch Verbrennung fossiler Brennstoffe und das Abbrennen von Wäldern und Grasflächen jährlich freigesetzt werden. Ob dies das letzte Wort ist, bleibt offen. Es sind auch schon Blitzzahlen von einer Million pro Stunde genannt worden, dem Dreifachen also. Wie auch immer, diesem Klimageschehen kann der Mensch keinen Katalysator entgegensetzen. Damit kann er zwar sein Auto und industrielle Großfeuerstätten verbessern – was sinnvoll ist und auch getan wird –, doch ansonsten sieht er sich hilflos der Natur ausgeliefert.

Um im Weidmännischen zu bleiben: Kam der Schweißhund erst einmal von seiner Fährte ab, fängt er bald zu faseln an, ist verwirrt und verwirrt die anderen. Die Luftschadstoffe gebaren verlockende Arbeitshypothesen und lösten teure Studien und Untersuchungen aus. Die Stickoxide brachten ihrerseits als Vorläufersubstanzen nun das Ozon ins Spiel[8], und die klimawirksamen Spurengase wurden auch nicht vergessen.[9] In unserem Zusammenhang braucht das hier nicht im einzelnen vertieft zu werden. Der Anschaulichkeit halber mag wenigstens ein Beispiel für eine eminent kostenaufwendige, letztlich jedoch nicht im großen praktikable und damit unwirksame Maßnahme erwähnt sein: die Düngung des Waldes. Der Bodenversauerung sollte durch Kalkung entgegengewirkt, der Verlust an Nährstoffspurenelementen durch gezielte Düngung verbessert werden. Was an technischen Möglichkeiten denkbar war, wurde durchgespielt.[10] Hubschraubereinsatz über den Wipfeln und schweres Gerät, wie Verblaseeinheiten mit bis zu 30 Tonnen Nutzlast, auf den Waldwegen. Kosten spielten zunächst keine Rolle. Dabei stand, gänzlich unabhängig von den Detailergebnissen dieser Arbeit, von vornherein fest, dass allein wegen der geringen flächendeckenden Reichweite solcher Maßnahmen dies höchstens punktuell ausgeübt werden könnte; sie also keinen entscheidenden Beitrag zu liefern imstande sein konnten. Im übrigen war das als generelle Lösungsmöglichkeit des Waldsterbens wegen der inakzeptablen Kosten sowieso ein heillos verfehlter Gedankenansatz; von den all zu häufigen unüberbrückbaren Schwierigkeiten wegen der Bodenformationen einmal ganz abgesehen.

Der an sich naheliegende Schluss, dass die neuartigen Waldschäden mit ihrer Plötzlichkeit des Auftretens nicht hinreichend durch die Immission der Luftschadstoffe verstanden werden können, verstärkte natürlich die Ursachenforschung. Zu ärgerlich war es schon, ließ sich ja eine wissenschaftlich fundierte Kausalkette für den sauren Regen und das Waldsterben nicht aufbauen. Immerhin, zu diesem Zeitpunkt, sofern das Bild der publizierten öffentlichen Meinung richtig war, starb unser Wald noch immer.

Der Waldbau auf dem Prüfstand

Hatte sich bisher vor allem der Forstwissenschaftler mit der Materie zu befassen, so wurde nun durch die kritischen Stimmen gegenüber unserem derzeitigen Waldbau, zum Beispiel, ob dieser auch zeitgerecht sei, der Forstwirtschaftler angesprochen. Forstwirte kennen Produktionszeiträume von 100, 200 oder mehr Jahren; sie planen im 100-Jahr-Rhythmus. Dieser umfasst, je nachdem wie oft in früheren Zeiten ein Forstmann dienstlich versetzt wurde, drei bis zehn Beamtengenerationen je Revier. Unser Wald, den man ab und zu schon mal als Holzplantage bezeichnet, wird seit mehr als 200 Jahren von der deutschen Forstwirtschaft nach Wissenschaftsprinzipien gepflegt, die ausschließlich bei der Erhaltung der Wälder von den Holzmassen und den Waldböden ausgehen. Als Maßstab dient dann der Nutzen an der biologischen Zuwachsleistung. Solange dies getan wurde, um Energie für Hausbrand und Essen des Menschen sicherzustellen, war dies durchaus sinnvoll. Es lieferten die Holzplantagen 30 Tonnen und mehr Holztrockensubstanz pro Hektar, während die Naturwälder bei 10 bis 20 Tonnen pro Hektar hängenblieben.[11] Besondere Rückschläge musste man bei uns bis ein Jahrzehnt nach dem letzten Weltkrieg nicht hinnehmen. Leseholzsammler, Streusammler hatten damals den Wald geradezu „gekehrt". Doch dann trat ein Wechsel ein, der sich im ersten Jahrzehnt kaum bemerkbar machte, weil er sich unauffällig vollzog. Gleichwohl war er von eminenter und bleibender Langzeitwirkung. Zwei Ereignisse trafen zusammen, die sich gegenseitig verstärkten. Einmal verdrängten Öl und Gas im Hausbrand Holz und Kohle. Zum anderen zogen die Löhne allgemein spürbar an, mit der doppelten Wirkung, dass mehr Verdienst bequemeres Leben erlaubte und gleichzeitig die Arbeitszeit wertvoller wurde. Mit einemmal war es nicht mehr so dringend notwendig, den Winterbrand mühselig im Walde einzusammeln. Äste, Rinden, Bruchholz und Streu blieben im Wald liegen, mehr und mehr. Sie boten den Schadinsekten, wie zum Beispiel dem Borkenkäfer – besonders dem Buchdrucker –, dem Schwammspinner und der Nonne, Heimstätten in großer Zahl. Das Ökosystem der Holzplantagen erlitt, gänzlich unbeabsichtigt, eine tiefgreifende Störung ihres Fließgleichgewichts. Zutage trat dies in überraschender Weise immer dann, wenn die passenden Randbedingungen sich zusammenfügten und eine explosionsartige Vermehrung der Schadinsekten erlaubten.

Der technische Fortschritt einer bequemeren Energieversorgung kam auf diese Art und Weise erst auf dem Umweg über mehrere Ecken im Ökosystem des Waldes an. Zusammen mit anderen Naturereignissen, wie Sturmschäden, Schneebruch und Eisbruch, der Verdichtung des Schalenwildes in den Restrefugien, beeinflusste das die Ertrags- und Kostensituation der Waldbauern und des Staatswaldes. Wir sollten uns dieser Erkenntnis nicht verschließen: Die heutige Gefährdung des Waldes – soweit man ernsthaft davon sprechen kann – ist, nüchtern betrachtet, auch eine unmittelbare Folge der Veränderung der Heizgewohnheiten bei den meisten von uns allen. Das nun ist eine vom Menschen verursachte Quelle. Freilich kann man sich

44

im Augenblick nicht vorstellen, wie die gewonnene moderne Lebensqualität unserer Zeitgenossen auf das eingespielte Recyclingsystem unserer Holzplantagen von einst wieder zurückgeführt werden kann. Merkwürdig genug, die handliche Bequemlichkeit moderner Energieträger mit ihren leisen, langsamen und gleichzeitig tiefgreifenden dauerhaften Umwälzungen war in der allgemeinen Diskussion unbeachtet geblieben.

Das Wort vom Waldsterben bezeichnet einfach die Situation nicht richtig, eröffnet aber leider die Jagd nach einem Schuldigen. Hierher gehört die Diskussion um die überhöhte Wilddichte, weil das Rehwild die Naturverjüngung verbeißt und das Rotwild die Bäume schält, obwohl sie das schon immer taten.[12] Conrad, ehemals Jagdreferent der Landesregierung Rheinland-Pfalz, hat ebenfalls nachgewiesen, dass der dem Schalenwild angelastete Schaden ziffernmäßig falsch ist. Das Phantom Waldsterben schaltet den Tierschutz aus und zwingt die Jäger zu Reduktionsabschüssen gegen Einsicht und Vernunft.[13]

Stirbt der Wald nicht, kann auch unser Schalenwild dafür nicht verantwortlich sein. Schließlich ist in unseren Wirtschaftswäldern außerdem nicht jeder Baum von Haus aus kerngesund. Die hartnäckige Manie, mit der man den Wildabschuss durchsetzt, ist einfach unverantwortlich!

Nun, wie starb unser Wald weiter?

Noch 1992 wurde bestritten, dass die Witterungsereignisse die alleinigen Ursachen für die neuartigen Waldschäden seien. Die alleinige Ursache gewiss nicht, das stimmt. Der Wassermangel, also das Klimageschehen, als eine mögliche Hauptursache blieb weiterhin unbeachtet.

Freilich machen Waldschäden nicht vor Grenzen halt. Es sei deshalb hier noch eine Aufstellung der UN-Wirtschaftskommission für Europa (mit Stand 1991) erwähnt. Hiernach lagen die Schäden beim Nadelwald in den Ländern Dänemark, Ungarn, Polen, Großbritannien, Tschechoslowakei und Weißrussland deutlich vor Deutschland, ja selbst Bulgarien rangierte noch davor.[14] An der Autodichte in den anderen Ländern oder irgendwelchen gewaltigen industriellen Ballungsgebieten konnte es kaum gelegen haben.

Nicht genug des Abwegigen damit. Beim Vergleich von Europas Wäldern musste 1992 noch registriert werden, dass trotz theoretisch gleicher Erfassungsmethode bei den Taxatoren noch national unterschiedliche Bewertungen vorliegen.[5] Eine schlecht überschaubare, konfuse Situation!

Endlich, Ende 1993 schienen die Ursachen des Waldsterbens geklärt. Nach 20 Jahren Forschung von Ökologen und Forstwirtschaftlern nahm der „Dünger" Stickstoff die Schlüsselstellung ein. Er mästet den Wald zu Tode.[15] Im selben Jahr meldete das Forschungsministerium in Bonn in seiner Bilanz des Sachverständigenrates „begründeten Anlass zu vorsichtigem Optimismus".[16]

War das ein leises Signal für eine Trendwende? Wir hatten mehr als 20 Jahre Waldsterben, und keinen aussagekräftigen Vergleich mit den anderen Staaten Europas.[17]

1994 kam dann die Wende: Unser Wald lebt weiter, hieß es. Wie krank war er nun wirklich? Wohl wurden im vergangenen Jahrzehnt eine Menge neuer Erkenntnisse gewonnen, besonders in ihren gegenseitigen Abhängigkeiten und durchaus brauchbar für die Zukunft. Indes dies alles, ohne dass die entscheidende Schlüsselinformation allen deutlich sichtbar geworden wäre. Immerhin machte der Zustand aufkeimender Korrekturnotwendigkeit die offiziellen Stellen vorsichtig. Nicht wenig dürfte auch der Waldbrand im Yellowstone-Park von 1988 [18] beigetragen haben. Die „Waldpflege mit Feuer", wie es heute heißt, zwang Biologen, Forstleute und Ökologen ein Umdenken auf. Unversehens wurde es Wissensallgemeingut, dass Waldbrände seit alters her zum Klimageschehen gehörten. Im Zeitalter der Weltraumfahrt ist es wiederum kaum glaublich, dass man die Waldbrände in ihrer Funktion erst im letzten Jahrzehnt einigermaßen richtig verstand. Mit dem Durchblick beim Wald kann es nicht sonderlich weit her gewesen sein. Die nicht aussterbenden Romantiker mit ihrer Gewohnheit der raschen Schuldzuweisung waren hierbei nicht unschuldig und höchst hinderlich. Natürlich, immer wenn Tatsachen festgefügte Theorieträume widerlegen, bauen sich Hindernisse auf. Nichtsdestotrotz war die Zeit reif geworden für den Freiburger Forstexperten Heinz Zöttl[19], der mit seinen Mitstreitern endlich wieder Gehör fand. Sein Fazit: „Das immer wieder behauptete Waldsterben gibt es gar nicht." Er machte für die Waldzu-standsveränderung in erster Linie die Wasserversorgung verantwortlich. Damit war man, seltsam genug, bei einem Altmeister der Chemie angekommen. Justus von Lie-big hatte bereits 1855 in seinen „Grundlagen der Agrikultur-Chemie in 50 Thesen" in der These 16 die Funktion des Wassers für die Bäume als Nahrungsmittel und als Mittel für Nährstofftransport und Medium für chemische Umsetzung beschrieben. Er hielt fest, dass dies dem klimatischen Geschehen unterliegt.

Zöttl, ein Mann, dem Systemvertrauen entgegenzubringen ist, hatte lange warten müssen, bis er Gehör fand. Das Naheliegende wollte die öffentliche Mehrheit, viel-leicht wegen seiner Einfachheit, nicht glauben. Wasser als Leben spendendes Nass war jedermann eine Selbstverständlichkeit. Wer in der Sommerhitze seine Blumen nicht gießt, dem sterben sie – zu banal.

Ende 1995 kam vom Bundeslandwirtschaftsminister Jochen Borchert die Entwar-nung „Kein Grund für eine Katastrophenstimmung."[20] Bei aller relativierenden Be-gleitmusik kam man nicht umhin, sich mit einem neuen Sachverhalt ernsthaft vertraut zu machen: Der Wald wächst! Der Widerspruch in sich zeichnete sich ab.

1996 wurde es dann konkret mit der Publikation des Freiburger Waldforschers Heinrich Spieker[21], der als Projektkoordinator für eine internationale Untersuchung aus zwölf Ländern zu dem Resultat kam: „Der Wald wächst so schnell wie nie zuvor." Diese knallharte Aussage, die übrigens auch andere offizielle Stellen bestätigen, fegt alle Schutzbehauptungen der notorischen, progressiven Pessimisten hinweg. Sie lässt nicht zu, sich weiterhin auf dem Feld der Halbwahrheiten zu tummeln. Die Warner von einst hatten offensichtlich die Widerstandskraft der Bäume unterschätzt, jeden-falls sichtlich davon zu wenig gewusst. Ihre Prognosen waren falsch, wobei es oben-drein widersinnig genug ist, die flankierenden Maßnahmen der Verteufelung von che-mischer Industrie oder dem Auto weiterlaufen zu lassen. Der politische Druck dieser Gruppe verursachte viele Millionen unnötiger Kosten, wofür sich freilich niemand von denen verantwortlich fühlt.

Woher nehmen eigentlich diese Ignoranten das Recht, solche Millionenschäden auszulösen? Die Rückschau sollte extrem ernüchternd sein. Die selbsternannten Re-former, die sich als Herolde dem Waldsterben entgegenstemmten, verwendeten gerne das Totschlagargument: Wir haben den kommenden Generationen ein Erbe zu hinter-lassen, das ihnen ihr Leben lebenswert macht. Genau damit haben sie die Türen zur Einsicht in die Tatsachen zugeschlagen. Sachlichkeit hatte keinen Stellenwert, und wer sich nicht dumm machen ließ, wurde niedergeknüppelt oder lächerlich gemacht. Was hatte zu dieser Art nicht schon G. B. Shaw treffend gesagt: „Die besten Reformer, die die Welt kennt, sind diejenigen, die bei sich selbst anfangen."

Man muss es wiederholen: Wenn der Wald nicht stirbt, sondern wächst, dann lebt er! Die Ehrlichkeit lässt keinen anderen Schluss zu – mag es gefallen oder nicht.

Einem mehr als 20 Jahre alten ökologischen Orientierungsluftballon ging schlag-artig die Luft aus. Die Bruchlandung war nicht mehr kaschierbar. Zwei Jahre kühle, regenreiche Sommer schwemmten mit ihrem Wasser den ganzen Wirrwarr davon.[22] Spieker sieht den Wald vielmehr durch extremes Wetter bedroht als durch Luftschadstoffe. Und endlich ist der Hauptfaktor für das Waldsterben sichtbar geworden: Es ist die Dürre und damit das Klimageschehen!

Hat sich nicht längst der normale Spaziergänger gewundert, weshalb der ihm seit Jahrzehnten angekündigte Niedergang des Waldes ganz offensichtlich so nicht erkennbar war? Durchaus zutreffend bezeichnet deshalb auch der Publizist Burkhard Müller-Ulrich in der „Süddeutschen Zeitung" diese bemerkenswerte Blindheit als „eine einzige morbide Orgie deutschen Gesinnungskitsches." Nicht minder Typisches hierzu kommt aus Frankreich. In Frankreich gab es kein Waldsterben, es gibt nicht einmal ein französisches Wort dafür, sondern man benutzt das deutsche: Le waldsterben. Tröstlich und befreiend zugleich: Der Wald stirbt jetzt auch bei uns nicht mehr!

Wahrhaftig, mehr Systemvertrauen täte uns allen gut.

Die Wissenschaft wird zudem mehr und mehr fündig. Erst 1998 lieferte Dr. Thomas Jung einen Beitrag zur Aufklärung der Ursachen des Eichensterbens. Wie dieser zeigt, ist eine Mikrobe dafür verantwortlich. Der junge Forstwissenschaftler wurde dafür mit dem Arnold-Sommerfeld-Preis der mathematisch-naturwissenschaftlichen Klasse der Bayerischen Akademie der Wissenschaften 1998 ausgezeichnet.

Dieses moderne deutsche Märchen muss man nochmals auf den Punkt bringen. In einer Zeit, in der man im Weltraum das Hubble-Teleskop reparieren und warten kann – High-Tech-Spitze –, kann man bei uns den der ganzen Menschheit bekannten Zusammenhang zwischen Pflanzensterben und Wassermangel im Falle des Waldsterbens nicht erkennen! Nein, man beschloss, es müssen Luftschadstoffe sein! 25 Jahre dauerte dieser Krampf. Es gilt die Kluft im Denken zu überwinden!

Viele offizielle Verwaltungsstellen haben sich, gute Absichten seien unterstellt, vor den Karren der übereifrigen Reformer spannen lassen. Seit 1995 wird in den Wäldern Bayerns ein Erholungstrend registriert.[23] Auch in Hessen bessert sich offiziell der Zustand des Waldes.[24] Ist es überflüssig, die Unverbesserlichen zu erwähnen, die solche Tatsachen nicht zur Kenntnis nehmen, ja unverdrossen weiterhin mit falschen Meldungen irritieren?

Mitnichten!

Deshalb sind Lehren für die Zukunft daraus zu ziehen:

1. Scharfe Unterscheidung bei der Ursachenzuordnung zwischen dem nicht beeinflussbaren Naturgeschehen (zum Beispiel Klima, Vulkanausbrüche) und den anthropogenen Aktivitäten, die, da vom Menschen abhängig, korrigierbar sind.

2. Man vergesse nicht – und deshalb sei es hier wiederholt: Keine Gesellschaft kann es sich leisten – weder der Umwelt zuliebe noch um eingebildete Ängste zu beruhigen –, sich weiter vor zu wagen, als der finanzielle Boden trägt.

3. Mit Augenmaß zu handeln, ist keine Schande.

48

Robbenmord – Robbenjagd

Vor einigen Jahrzehnten machte sich der Filmstar Brigitte Bardot zur Vorreiterin der „Anti-Pelz-Aktivisten" und löste damit weltweit eine Aktion gegen die spezielle Art des Robbentötens durch Erschlagen und des Tötens überhaupt aus. Die Umweltschutzorganisation Greenpeace – in vielen Fällen, wo sie eingreift, nachweislich keineswegs seriös – schrieb dasselbe Ziel auf ihr Banner. Sie verschärfte die Situation, indem sie behauptete, es würde den jungen Robben das Fell abgezogen, während sie noch lebten. Die Richter eines norwegischen Gerichts sprachen 1992 in diesem Zusammenhang „von einem bewussten Einsatz von Verfälschungen in der Propaganda von Greenpeace."[25]

Nun, mit Jagd hat das gar nichts zu tun, und von Robbenjagd zu sprechen, ist geradezu eine bewusste sprachliche Täuschung. Tatsache ist einfach, dass die Robben als Wildtiere genauso wie die Haustiere der menschlichen Nutzung unterliegen.[26] Dennoch ist es ein klassisches Beispiel dafür, welche kaum überschaubaren Folgen auftreten, wenn blinder Aktionismus in das Gleichgewicht eines bestehenden Ökosystems eingreift. Hier wurde beispielsweise übersehen, dass es in der hierarchischen Nahrungskette des Lebens gegenseitige Abhängigkeiten gibt. Die weltweit gestörte Ökologie schlug spürbar bis zur Ökonomie durch und brachte einige Branchen durcheinander, zahlreiche Existenzkrisen nicht ausgeschlossen. Zuerst waren die Luxuspelze ins Visier des Sozialneides geraten, und schließlich bezweifelte man den Zweck der Pelze überhaupt und empfahl, auf moderne Materialien wie Kunststoff überzugehen. Hauptbetroffene waren anfangs vor allen Dingen in Kanada die Indianer und die Eskimos. Mancherorts wurde ihnen durch die Kampagne der Naturschützer ihre wirtschaftliche Existenz von heute auf morgen zunichte gemacht. In der Arktis hatte die Tierschutzkampagne soziale Folgen, die eher, einmal überspitzt ausgedrückt, den Menschen mit dem Aussterben bedrohte. Die jungen Leute wanderten aus, ließen die Alten zurück. Die Nicht-Eskimos blieben dagegen ungefährdet.

Die Grundbedürfnisse der Eskimos waren beschränkt und bescheiden, sie waren ziemlich autark und nicht vom Markt abhängig. Aus dem Fell der Seehunde machten sie Kleidung, aus den Knochen Speerspitzen. Das gute Fleisch aßen sie selber, das minderwertige fraßen die Schlittenhunde. Der Himmel war der Platz, an dem es viele Robben gab und die Hölle ein Ort mit Schmetterlingen, an dem man immer hungern musste. Ihr Einwand, dass die Robben in ihrer Art keineswegs gefährdet seien, weil sie sowieso nur an bestimmten Plätzen Robbenfang betreiben könnten und die unendlich große Küstenregion des nördlichen Amerika genügend Plätze hat für Robben, welche für den Menschen ohnehin völlig unzugänglich sind, wurde natürlich nicht beachtet.

Dann traf es Skandinavien.[27] Relativ bald trat nämlich in der Nordsee ein zunächst unerklärliches Robbensterben auf. Natürlich machte man sofort die verschmutzte Nordsee und die Chemie hierfür verantwortlich. In Wahrheit handelte es sich um eine Virusepidemie infolge von Überpopulation.

Im Umweltministerium liegt eine Studie vor, die der allgemeinen Meinung über das Robbensterben entgegentritt. Hinter der Studie stehen namhafte Zoologen. Ihre Erkenntnis: Robbensterben unter seuchenartigen Bedingungen gibt es alle paar Jahrzehnte; vor allem dann, wenn sich die Zahl der Robben deutlich erhöhte. Vergleichbar mit dem aktuellen Robbensterben war eine Epidemie im Jahre 1918. Damals gingen vor Island Tausende von Robben ein, obwohl es in der gesamten Umgebung keine Umweltverschmutzung gab. Im Verdacht, die Seuche ausgelöst zu haben, standen Picorna-Viren und Würmer. Diese hat man auch bei den jetzt eingegangenen Robben in hoher Dichte gefunden.[28] Das Seehund-Jagdverbot war eine unsinnige Maßnahme gewesen, und die Natur selbst griff regulierend ein. Zwischendurch brach der Pelzmarkt ziemlich zusammen und zog das Pelzhandwerk unmittelbar in Mitleidenschaft.

Eine Überpopulation hat auffallenden Nahrungsbedarf. Das wiederum merkten die Fischer in den Fischgründen. Nord- und Westnorwegen wurden zu Schauplätzen von Robbeninvasionen unbekannten Ausmaßes. Zumindest eine der verschiedenen Erklärungstheorien führte das auf die stärkere Reduktion des Robbenfanges zurück. Die Küstenfischer Norwegens betrachteten die Robbeninvasion als Landplage. Etwa 40.000 Seehunde ertranken, weil sie sich in Netzen verfingen. Sowohl Meeresforscher als auch die Vertreter der Fischer waren sich einig, das Ereignis als eine Naturkatastrophe anzusehen. Das Meeresforschungsinstitut in Bergen hält es für vertretbar, von den 4 Millionen Robben jährlich etwa 400.000, also 10 Prozent, zu erlegen.

Und wie ist es heute damit?

Die Tierschutz-Internationale wurde radikaler. Die Fundamentalisten propagieren nicht mehr bloß Artenschutz, sondern eine Neuordnung der Gesellschaft auf dem Umweg über den Tierschutz.[29]

In Kanada wurden die Bedingungen für den Robbenfang verschärft. In Norwegen und Russland hat sich allerdings noch kaum etwas getan. Die Kunden aus dem asiatischen Raum bestellen nach wie vor Felle in rauen Mengen. Bei uns erholen sich die Pelzmärkte langsam, und das Kürschnerhandwerk steht nicht mehr so hart am Rande des wirtschaftlichen Bankrotts. Das ökonomische Diktat von Angebot und Nachfrage hat sich durchgesetzt.

Welche Lehre ist daraus zu ziehen?

Nun, jedes Ökosystem hat eine natürliche Pufferungsreserve, die in aller Regel nicht bekannt ist. Erst die Folgeerscheinungen über meist nicht sichtbare Wege verdeutlichen uns, wo die Grenzen des Tolerierbaren liegen, wo die Vernunft zu ihrem Recht kommen muss, wo die Eingriffe des Menschen, und das können sogar Schutzmaßnahmen sein, zu weit gehen und korrigiert werden müssen.

Das Systemvertrauen wird benötigt.

Elefanten-Culling

Alle Tierpopulationen, seien es nun Pflanzen- oder Fleischfresser, beeinflussen ihre Nahrungsgrundlage. Wie drastisch das mitunter werden kann, und dann fast nebenbei alle ernsthaften Bemühungen zur Rettung einer gefährdeten Tierart konterkarieren, zeigt das Elefanten-Culling.

Elefanten sind die größten jagdbaren Tiere. Indes sie liefern auch Elfenbein. Mit Elfenbein ließen sich gut Geschäfte machen. Die Elefanten wurden deshalb zur Hauptbeute der organisierten Wilderei in Afrika. Innerhalb von zehn Jahren hatten die Wildererbanden die Zahl der Dickhäuter in Afrika von 1,3 Millionen auf etwa 600.000 zusammengeschossen. Die Tierart war bedroht. Also reduzierte man die Großwildjagd. Man tat noch mehr. Es folgte auf der CITES-Konferenz 1989 das Verbot des Elfenbeinhandels, das die neuen und selbst die alten Kunstwerke der Elfenbeinschnitzerei mit einschloss. Das Verbot zeigte Wirkung. Der Markt trocknete aus, und das „weiße Gold" der Stoßzähne verlor an Wert. Es war gut gemeint, doch die Natur gab ihre eigene Antwort. Die Elefantenpopulationen in den Staaten des südlichen Afrika, wo man wirksame Schutzsysteme entwickelt hatte, nahmen rasch zu und zerstörten dabei ihre eigene Nahrungsgrundlage. Die Wild- und Forstbehörde von Simbabwe musste eine spontane Elefantenreduktion mit Maschinenwaffen vornehmen. Eine staatliche Sondertruppe knallte rund 15.000 Elefanten ab.[30/31]

Welche Lehre ist hieraus zu ziehen?

Nicht ausreichend durchdachte Naturschutzgesetze laufen an der Wirklichkeit vorbei. Ökosysteme sind offene kybernetische Systeme und damit niemals statisch.

Das wenigstens sollte mittlerweile Eingang finden in das Denken derer, denen die Natur ganz besonders am Herzen liegt. Auch sollte nicht eines für alle gelten; mehr Differenzierung ist gewiss nicht von Schaden.

Wenn die Staaten West-, Zentral- und Ostafrikas den Wilderern wenig entgegenzusetzen haben, ist die Situation eben anders als in Simbabwe oder Südafrika, wo die Elefanten stellenweise zur Landplage wurden und schon die Frage auslösen: „Wer ist wichtiger – wir Menschen oder die Tiere?"

Das bei dieser Aktion des Elefanten-Culling angefallene Elfenbein wurde durch Feuer in Kohlendioxid verwandelt. Afrika hat inzwischen – legal – 500 Tonnen Elfenbein angehäuft. Der Druck, das Elfenbein zu Geld zu machen, wird von Jahr zu Jahr zunehmen. In Ländern, die zu den ärmsten der Welt zählen, verstehen die Menschen es nicht, weshalb eine lukrative Einnahmequelle nicht genutzt werden darf.[32]

Darum plante die Regierung von Simbabwe, 5000 Elefanten aus dem landeseigenen Nationalpark zu verkaufen.[33]

Namibia ist aus dem Diktat von CITES, das jeden Handel mit Elfenbein untersagt, ausgebrochen.[34] Etwas mehr als fünf Jahre war diese rigide, ja in der Form überschießende Aktion gültig. Inzwischen wird sie mit Vorsicht aufgeweicht. Wie im „Mannheimer Morgen" vom 8. 4. 1999 nachzulesen, hatte das Verbot des Handels mit Elfenbein nur zehn Jahre Bestand. Man kann eben nicht alles über einen Leisten hämmern. Das Elfenbein stammt teilweise aus Polizeiaktionen gegen Schmuggler und Wilderer, aber auch von eingegangen aufgefundenen Tieren. Muss so ein Schatz bei armen Völkern wirklich aus dem Handel gezogen werden?

Nebenbei, Jagd hat in vielen Ländern Afrikas durchaus wirtschaftliche Bedeutung. Einmal bringt sie Devisen, zum anderen gehört das Wild zum Speisezettel. Nicht umsonst existieren riesige Jagdfarmen. Viele Menschen in Afrika wären froh, wenn sie wenigstens einmal in der Woche Fleisch zu essen bekämen. Sie kennen dessen Wert!

Aussetzen des Luchses – ein „Zurück zur Natur?"

Heute wissen wir, dass ökologische Katastrophen integraler Bestandteil der natürlichen Evolution sind. Solch ein Naturgesetz wird nicht durch Utopien aufgehoben.

Wer heute bei uns ausgerottete Wildtierarten wiederansiedeln möchte und damit ein früheres Ökosystem wiederbeleben will, sollte wenigstens zwei entscheidende wichtige Faktoren von vornherein berücksichtigen:

1. Wer gegen den Willen der betroffenen Bevölkerung mit staatlicher Gesetzeshilfe Maßnahmen, wie zum Beispiel die Wiedereinbürgerung des Luchses in der Schweiz, durchsetzt, wird das angestrebte Ziel nicht erreichen.[34]

2. Der Mensch unserer Zeit nutzt seine Umwelt viel intensiver als die Vorfahren. Haben vor 200 Jahren 50 Menschen je Quadratkilometer gelebt, drängen sich heute bei uns 200 auf den Quadratkilometer, samt ihren modernen Bedürfnissen und Lebensgewohnheiten.

Man muss also berücksichtigen, wie der Mensch von heute sein Umfeld nutzt. Die Strukturen der Landschaft von einst haben sich großräumig geändert. Zu dicht besiedelte Gebiete bergen für den Luchs zu viele Gefahren und vor allem solche, die es für ihn früher gar nicht gab. Ein nicht korrigierbarer Umstand. Allein der moderne Verkehr, wie es ihn noch nicht mal vor 100 Jahren gab, „erschießt" die Hälfte aller umgekommenen Luchse. Das zu ignorieren ist sträflich.

Das Schweizer Beispiel spricht für sich. Zwar lebt dort der Luchs zur Zeit legal. Nachdem er vor etwa 20 Jahren durch World-Wildlife-Fund (WWF) ausgesetzt wurde, ist er heute geschütztes Wild. Die Kantone Wallis und Bern nehmen jedoch wegen der Schäden die Regierung mit ihrer Verantwortung für das „Management der Raubtiere" in die Pflicht.[35]

Zudem ist im Falle des Luchsexperiments die biologische Startbasis einfach unzulänglich. Selbst wenn man, einmal angenommen, 100 Luchse – also 50 Paare – gleichzeitig für das Aussetzen aufzubringen vermag, ist der Genpool dieser Population kaum ausreichend. Da andere Luchsstandorte in Europa zu weit davon entfernt liegen, um einen genetischen Austausch zuzulassen, erschweren allein die im Verkehr umgekommenen Tiere die Genarmut derart, dass die Population früher oder später in sich zusammenbrechen muss. Die Erhaltung der genetischen Vielfalt der Luchspopulationen, einschließlich der geographisch notwendigen Gegebenheiten, kann nicht erfüllt werden. Geld und Engagement sind umsonst vertan. Es ist weder richtig noch notwendig und daher auch nicht zeitgemäß, den Luchs in unsere Naturinseln wieder einzubürgern. Selbst wenn sie sich dort zunächst doch behaupten können, stoßen ihre Aktivitäten zum Überleben rasch an die Toleranzgrenze der Bevölkerung.

Die nüchterne Wahrheit: Ohne drastische Beschränkung des Menschen lassen sich ausgerottete Tiere weder hier noch anderswo in der Welt wiederansiedeln und erhalten, ob sie nun Luchs, Bartgeier, Bär, Wolf oder Elefant heißen.

Man braucht zur richtigen Bewertung nur andere Aktionen ähnlicher Art in Erinnerung zu rufen. In Neuseeland wurden etwa um 1860 Hirsche, Gams, Bergschafe und andere Wildtiere ausgesetzt. Bereits 70 Jahre später hatte sich dieses Wild, da es ohne seine natürlichen Feinde leben konnte, zu einem beachtlichen Nahrungskonkurrenten der Haustierherden entwickelt. Und die Folge? Und was tat der Mensch? Bis fast 1980 schoss man das Wild von Hubschraubern aus gnadenlos zusammen. Im Grunde nichts anderes als ein Elefanten-Culling. Heute wird das Wild dort bejagt.

Überall sind eben die verschiedenen Interessen gegenseitig abzuwägen. Konkrete ökonomische Bleigewichte lassen sich schwerlich durch Wunschvorstellungen moderner Gutmenschen neutralisieren. Eine Initiative zur Wiedereinbürgerung des Luchses im Schwarzwald musste schließlich deswegen durch Gerichtsbeschluss beendet werden.[36]

Es macht sich nun einmal nicht gut, die Großkatze in der Nähe von Schaf- und Ziegenherden anzusiedeln. Besonders dann nicht, wenn durch einen scharfen Reduktionsabschuss das Rehwild, die Hauptnahrungsquelle des Luchses, bereits ausgeschaltet ist. Es wurde in juristischer Nüchternheit festgestellt: Der Luchs sei heute ein „fremdes Tier" im Sinne des Jagdrechtes. Wenn die Initiatoren die Luchs-Wiedereinbürgerung für eine Verbesserung der Qualität des Ökosystems halten, sollten sie erst einmal statt der Schlagworthülsen sagen, was das für Qualitäten sind, die es zu verbessern gilt. Immerhin liegt ein Ökosystem vor, das sich seit mehr als 200 Jahren herausgebildet hat. Wer könnte oder was könnten wir von dem „fremden Tier" in Wirklichkeit profitieren?

Wird da nicht der Realitätssinn zur Mangelware?

Widersprüche unseres Verhaltens – Systemvertrauen

Zum besseren Verständnis mag hier eine kurze Erörterung der modernen Abhängigkeiten des Individuums Mensch vom Umfeld seiner Gesellschaft zweckdienlich sein. Dem Jäger von heute nützt sein Wollen wenig, er muss sein Können beweisen, und das setzt ein Mindestmaß an Faktenkenntnis und ein vielfältiges Zusammenspiel vieler Einzelheiten voraus.

Es führt kein Weg daran vorbei. Die Menschheit muss gemeinschaftlich zu modernen Lösungen ihrer Umweltprobleme kommen. Aus purem Eigeninteresse sich hinter einer Verweigerungshaltung zu verschanzen, hilft nicht weiter, und die Entwicklung wird sie überrollen. Wir sollten klar sehen und anerkennen, was sich in der Gegenwart bei uns durchsetzt, nämlich jene Form unserer Gesellschaft, die funktionale Strukturierung kennzeichnet. Dies ist in der westlichen Industrienation am weitesten entwickelt und weltweit zum Vorbild geworden. Mit ein Grund, weshalb das Weidwerk in seiner Funktion in der Bundesrepublik Deutschland stärker in Frage gestellt wird, als rings um uns her.

Die sich abzeichnende Weltkultur beruht „wesenhaft auf innovativer Wirtschaft". Sie führt zu einer immensen Steigerung der Möglichkeiten, und das in allen Lebensbereichen. Dieses auf ständige Ausweitung der Kenntnisse und Fähigkeiten ausgerichtete Kultursystem – und Kultur gab es immer nur auf Kosten der Natur – entwickelt eine eminent expansive Kraft.[37] Anders ausgedrückt, unsere heutige Gesellschaft ist geprägt durch die Differenzierung in die Funktionssysteme und deren Verselbständigung – ein unaufhaltsamer Prozess!

Wie ist das richtig zu verstehen?

Jedes Funktionssystem hat einen eigenen Code, zum Beispiel: Wissenschaft: wahr/unwahr; Recht: Recht/Unrecht; Wirtschaft: zahlen/nicht zahlen; Weidwerk: Wildtiere nutzen/nicht nutzen (jagen/hegen). Diese Codes lenken die Kommunikation und erzeugen die Geschlossenheit des Funktionssystems. Programme liefern die Kriterien für richtige Operationen im System. Dabei kann das Individuum Mensch durch Kommunikation an mehreren Systemen teilhaben. Für unsere Umweltproblematik zieht eine solche Differenzierung eine wichtige Konsequenz nach sich: Die Funktionssysteme beurteilen normalerweise Umweltmaßnahmen verschieden, was den Konsens erschwert und zu schwierigen Kommunikationsproblemen führt.

Das hat aber auch noch eine andere wichtige Folge: Die Verantwortung für die Technikfolgen sind nicht mehr zentralisierbar. Von der Wissenschaft aus gesehen bleibt es beispielsweise offen, welche Techniken ökonomisch genutzt werden. Unstreitig ist freilich eines: Um Umweltprobleme lösen zu können, muss Wissen verfügbar sein. Unsere Gesellschaft hat keine andere Antwort dazu. Wer dies nicht akzeptieren will, stellt auch unsere Gesellschaft in Frage.

Unsere Umwelt ist eine riesige, den physikalischen und chemischen Gesetzen folgende „Fabrik". Stoffumwandlungen in der Natur führen nicht nur zum Nützlichen, sondern sind stets von unerwünschten, auch schädlichen Stoffen begleitet. Es gelten in der Natur die Erhaltungssätze der Energie, und darin eingeschlossen die der Materie. Sie besagen, dass weder Energie noch Materie vernichtet werden kann. Bei ihrem Gebrauch sind sie in andere Formen bzw. Aggregatzustände umwandelbar. Damit hat es sich, und hundertprozentig kann keine Transformation ablaufen. Das heißt, ob aus menschlicher Tätigkeit oder dem Naturgeschehen, es fallen bei den Prozessen Abfälle an. Dieser schlichten Tatsache wird zwar häufig widersprochen, doch die Gültigkeit des zweiten Hauptsatzes der Thermodynamik konnte bisher niemand widerlegen.

Zweierlei sollte man sich also stets vergegenwärtigen:

➢ Es gibt keinerlei materielle oder energetische Umwandlung mit einem hundertprozentigen Wirkungsgrad – Abfall unvermeidlich;
➢ Viele natürliche Stoffumwandlungen werden von Giftstoffsynthesen begleitet.

Die besten Chemiker, die wir kennen, sind die Pflanzen. Sie synthetisieren eine Unmenge von Substanzen, nicht wenige davon sind ausgesprochen giftig. Noch vor 100 Jahren gingen deshalb drei Viertel aller Vergiftungsfälle auf Toxine pflanzlichen Ursprungs zurück. Heute betragen sie in industriell entwickelten Gebieten keine 10 Prozent mehr.[38]

Jedermann kennt die immer wieder auftretende Verwechslung von essbaren und giftigen Pilzen. Wer die Knolle der Herbstzeitlose, die als Alkaloid Colchicin enthält, mit essbaren Zwiebeln verwechselt, geht ein tödliches Risiko ein. Auch den Giftlattich, der ein tödlich wirkendes Herzgift enthält, sollte man nicht mit Gartensalat verwechseln. Die Liste ließe sich mühelos beliebig verlängern. Nicht allgemein weiß man, und dies sei als letztes Beispiel hierzu angeführt, dass unsere hochgeschätzte Erdbeere von Haus aus Benzol enthält. Benzol ist unbestritten ein Kanzerogen, also krebserzeugend. Vernünftigerweise versucht man sich dagegen zu schützen, und so wurden in aller Welt Grenzwerte für Benzol eingeführt. Sinn wird indes zu Unsinn, wenn man, wie in Kalifornien 1988 geschehen, die Höchstmenge für Benzol als Belastung für den Menschen auf 20 Mikrogramm pro Tag festsetzt und gleichzeitig unberücksichtigt bleibt, dass im Durchschnitt allein wegen des natürlichen Gehaltes an Benzol in der täglichen Nahrung der Mensch 250 Mikrogramm – das Zehnfache des Grenzwertes – aufnimmt.

Kenner der Materie sprechen daher mitunter provokativ von der „Giftküche der Natur."[30] Diese Fakten stehen im krassen Widerspruch zum „sanften Wahn" der uns glauben machen will, die Natur sei von sich aus immer gut und vor allem gesund.

Für die Bewertung der Gefährlichkeit von Stoffen hat der Satz von Paracelsus (1495–1541) nach wie vor Gültigkeit: „Alle Dinge sind Gift, nichts ohne Gift, allein die Dosis macht, dass ein Ding kein Gift." Dieser Satz von Paracelsus fand später bei Hegel eine philosophische Ausformulierung mit dem Wechsel von Quantität zu neuer Qualität. Wie auch immer, es handelt sich um ein Naturgesetz mit der exquisiten Feinheit, dass der

Schwellenwert für den jeweiligen Umschwung (mengenabhängiger Wechsel von Quantität zur neuen Qualität) für alle betrachtbaren Stoffe individuell verschieden ist. Letzteres ist es ja, was viele Anstrengungen im Umweltschutz oft schwierig macht, bei allen guten Absichten mitunter sogar fehl laufen lässt. In vielen Dingen der Natur fehlen bis heute wichtige sichere Kenntnisse über die Schwellenwerte und damit auch die Gleichgewichtsverhältnisse in lokalen Ökosystemen u.a. Notgedrungen muss deshalb beim eigenen Schutz auf einen ausreichenden Abstand von einer möglichen Gefahrenschwelle ausgewichen werden. Inzwischen kennt man heute die Grenzwerte für die gefährlichen Stoffe, stützt sich dabei auf die ausgefeilten Methoden moderner Analytik. Um diese Zahlenwerte richtig einzuschätzen, ein paar bildliche Hilfen hierzu. Ein Stück Würfelzucker wird in verschiedenen Volumina aufgelöst:

ca. 3 m³ (Tankwagen) =	1 ppm (1 Teil auf 1 Million = 10^6)
ca. 3000 m³ (Tankschiff) =	1 ppb (1 Teil auf 1 Milliarde = 10^9)
ca. 3 Mio. m³ (Östertalsperre, Sauerland) =	1 ppt (1 Teil auf 1 Billion = 10^{12})
ca. 3 Mrd. m³ (Starnberger See) =	1 ppq (1 Teil auf 1 Billiarde = 10^{15})

Das kann heute analytisch nachgewiesen werden. Man kann das in dem uns interessierenden Bereich von 1 ppm bis 1 ppb sogar noch etwas plastischer vergleichen.

1 ppm = 1 Preuße in München
1 ppb = 1 Amerikaner in China
Dies allerdings ist weniger verlässlich nachweisbar.

Nun, die Weidmänner hatten sich mit diesen Größenordnungen als Grenzwert bereits öfter auseinander zu setzen.

Ein Beispiel, das bis in die Wildbretverwertung durchschlug. Bei der breiten Diskussion über die Giftigkeit des Cadmiums vor etwas mehr als 20 Jahren wurde international der Grenzwert für Cadmium auf 1 ppm festgesetzt. Einmal soweit, löst derartiges in aller Regel breite Aktivitäten an Untersuchungen aus. Man suchte und wurde fündig. In Dänemark bei den Steinpilzen. Also wurde vor dem Verzehr von Pilzen gewarnt und natürlich auch vor dem Verzehr von Wildbret, denn die Pilze sind zum Teil Nahrung für das Wild. Man vergaß, dass Cadmium als Spurenelement überall vorkommt und diese Substanz deshalb seit eh und je ubiquitär spurenweise vorhanden war. Wer beim Wildbretverzehr Vorsicht walten lassen will, kann und soll auf den Genuss der Anreicherungsorgane, wie Leber, Milz, Niere, verzichten. Ansonsten droht keinerlei Gefahr durch solche von der Natur gegebenen Spuren. Bei Cadmium muss man nämlich wissen, dass jede Zigarette 10 ppm Cadmium enthält, von denen 4 ppm im Organismus des Rauchers aufgenommen werden. Ein starker Raucher von 40 Zigaretten pro Tag setzt sich mithin einer täglichen Dosis von 160 ppm Cadmium aus, bei einem Grenzwert von 1 ppm. Die Widersprüchlichkeit beim Cadmiumproblem liegt auf der Hand. Es starben zwar viele Menschen durch unmäßiges Rauchen an Lungenkrebs oder Herzversagen infolge der Nikotinwirkung, doch ist bisher noch kein Rauchertod durch Cadmiumvergiftung bekannt geworden. Grenzwerte dieser Art sind falsch und bedürfen der Korrektur; vor allem schon deswegen, weil damit völlig unnötig unkontrollierte Ängste geweckt werden.

Das Gegenbeispiel hierzu kommt aus der Ecke der Naturgifte. Ganz vorne stehen die Fungi mit ihren Aflatoxinen, und das ist wahrhaft bedrohlich. Die Menschen nehmen es jedoch nicht so ernst, wie es ihnen gut täte. Als man 1960 in England an Truthähne unbekannterweise mit dem Schimmelpilzgift Aflatoxin verseuchte Erdnüsse verfütterte, raffte das innerhalb weniger Wochen mehr als 100.000 Truthähne dahin und brachte eine Reihe britischer Geflügelzüchter an den Rand des Ruins. Kurzum, pflanzliche Wirkstoffe können recht bösartig sein; es genügt ja bereits, wenn sie Allergien auslösen. Die Begleitstoffe von Sonnenblumen- oder Pinienkernen reichen dazu durchaus aus. Der Mensch ist eben kein Buchfink!

Jede Nahrung birgt Risiko. Sie kann Pestizidrückstände, Schwermetallspuren und Pflanzengifte enthalten. Wo die Verträglichkeitsgrenze wirklich liegt, ist weitgehend unklar.

Das Gefährdungspotential, dem wir durch naturgegebene Verhältnisse ausgesetzt sind, ist die eine Sache. Die echte Grenze der Gefährdung zu sehen, die andere. Die Zecke, der unscheinbare Holzbock, ist beispielsweise recht tückisch. Sie liefert mit ihrem Biss die bakterielle Infektionen der Borelliose. Diese Krankheit stieg wegen ihrer Folgen trotz der kurzen Zeit seit ihrer Entdeckung in den Rang von „Förster-Aids" auf.

Wo immer wir uns in den Umweltschutz aktiv einschalten, können wir nur das verfügbare Wissen anwenden. Auch die Folgen dieser Maßnahme sind nur nach dem heutigen Stand des Wissens diagnostizierbar. Erfolgreicher als bisher darin zu handeln, setzt die Erhöhung der Lernfähigkeit unserer Gesellschaft voraus. Aktionismus pur vergisst zu oft, dass jede Maßnahme ihre Schattenseite hat. Ein krasses Beispiel für sich überschlagenden Aktionismus war der radioaktive Fallout des Tschernobyler Atomreaktors über Deutschland. Als dieser über Europa niederging, gab es wegen der vermeintlichen Strahlenbelastung geradezu hysterische Reaktionen. Die Jäger werden sich daran erinnern, dass es fortan einige Jahre Schwierigkeiten bereitete, das Wildbret der menschlichen Ernährung in der üblichen Weise zuzuführen. Für das normale Fleischangebot bestand jedoch keine Einschränkung. Unverständlich, weshalb nur Wildtiere davon betroffen sein sollten und die Haustierherden unbeschadet blieben.

Am Oberrhein wurde es ausgesprochen grotesk. Linksrheinisch, auf elsässischem Boden, kümmerte sich kein Gemüsebauer um den Fallout. Rechtsrheinisch pflügten die deutschen Bauern ihr Gemüse unter. Bereits drei Wochen später lag von dem Strahlenbiologischen Institut der Universität Zürich eine Abschätzung über das Strahlenrisiko für das Zusatzrisiko durch Krebs vor. Das Ergebnis betrug 100 bis 125 zusätzliche Todesfälle durch Krebs, bezogen auf eine Million Menschen, wobei die vergleichbare natürliche Sterblichkeitsrate durch Krebs bei 200.000 liegt. Rein rechnerisch betrug die Zusatzbelastung also 0,05 Prozent, eigentlich keine statistisch wahrnehmbare Größe.[40]

Heute wissen wir, dass nach dem Tschernobyl-Unfall völlig unnötig mehr als 50.000 zusätzliche Abtreibungen in Westeuropa vorgenommen wurden. Das hat immerhin mehr als 100.000 Menschen in schwere persönliche Konflikte getrieben. Die damalige, unnötige Stimulierung der Angst hatte ihren Preis, den die Menschen gänzlich überflüssig bezahlten.[41]

Warum ist das so? Fehlt uns das Systemvertrauen?

Ja! Vielleicht ging es unbemerkt verloren. Niklas Luhmanns Verdienst ist es, dieses wieder in Erinnerung gebracht zu haben, und heute brauchen wir es vielleicht mehr denn je.

Jedenfalls gab es dieses einstmals und gibt es in bestimmten Bereichen noch heute. Es ist unverzichtbar. Das zentrale Problem liegt in der Qualität unserer Kommunikation. Die Akzeptanz der funktionalen Strukturierung und deren Anerkennung, denn darauf beruht die Leistungsfähigkeit der modernen Gesellschaft, setzt Vertrauen in die Funktionssysteme wie zum Beispiel Wissenschaft, Justiz, Medizin, Technik, Handwerk, Weidwerk voraus. Dabei verunsichert die Differenzierung der Gesellschaft und ihre zunehmende Komplexität die Menschen mehr und mehr in ihren Entscheidungen. Den Menschen ist es unmöglich, alle ihre Handlungen durch eigene Informationsverarbeitung selbstverantwortlich abzuwickeln. Nicht jeder braucht beispielsweise zu wissen, wie seine Leber funktioniert, es genügt zu wissen, dass der Arzt, dem er sich anvertraut, das weiß. Jeder, der sich einem Chirurgen und seinem Anästhesisten für eine Operation anvertraut, praktiziert genau dieses Systemvertrauen, von dem hier die Rede ist. Im Grunde hat er keine andere Wahl, will er nicht sein Leben aufs Spiel setzen.

Wir praktizieren alle das Systemvertrauen als völlig selbstverständlich auch anderswo, zum Beispiel bei der Geldverwaltung durch die Hausbank oder dem Risikoschutz durch die Versicherung.

Da wir wirklich nicht mehr alles selbst wissen können, müssen wir uns in vielen Fällen den qualifizierten Urteilen anderer überlassen. Je höher der Kenntnisstand dabei in den einzelnen Disziplinen von den jeweiligen Vertretern ist, desto niedriger das Risiko bei der Anwendung des Systemvertrauens. Der Besserwisserei von Halbwissen und Halbbildung muss entgegengewirkt werden. Auch im Weidwerk besitzen die Jäger, als die wahren Grünen, ausreichende Kompetenz für ein Systemvertrauen und sollten dies durch offensive Aufgeschlossenheit der Öffentlichkeit wieder ins Bewusstsein bringen. Dabei muss es uns gleichgültig sein, in welchem Maß das Verhältnis von Wissenschaft, Technik, Wirtschaft, Natur und Öffentlichkeit gegenwärtig gestört ist.

Wenn wir das Systemvertrauen nicht wiederherstellen können, wird die ungebrochene Penetranz der Jagdgegner unser Handeln für die Zukunft lähmen können.

Nützen wir die Macht des positiven Denkens.

Bleischrotdiskussion

Zwischen Naturschützern und Jägern ist seit einiger Zeit eine Debatte über die Verwendung von Bleischrot entbrannt, die bei genauer Betrachtung sich als klassisches Scheinproblem entpuppt und, wie in solchen Fällen üblich, mit ihren grotesken Auswüchsen wenig zu wünschen übrig lässt. Vom verbleiten Benzin ausgehend, hat heute jeder die Assoziation Blei = Gift im Kopf. Das stimmt und stimmt auch nicht. Lassen wir die Fakten sprechen. Ein kleiner Exkurs zur Toxikologie und zur Chemie des Bleis ist dazu allerdings unvermeidlich, sofern man sich um das richtige Verständnis komplizierter Zusammenhänge bemühen will.

Der Kern des Problems lässt sich in der Doppelfrage zusammenfassen: Was ist Gift und wann wird es zum Gift? Paracelsus kommt hier wieder zu Ehren. Jede Substanz, das gilt für Blei genauso wie für Kochsalz, wird erst dann zum Schadstoff oder Gift, wenn sie in Konzentrationen vorliegt, die zu toxischen Wirkungen führen. Die Giftwirkung verursacht Funktionsstörungen, weil in das von Enzymen katalysierte Stoffwechselsystem eingegriffen wird. Hierfür sind, sieht man von akuten Vergiftungsfällen ab, Zeiträume von Stunden bis Tagen notwendig. Die Voraussetzung, dass ein Stoff sein Gefährdungspotential, also seine Vergiftungsmöglichkeiten, überhaupt entfalten kann, ist, dass Expositionswege, wie etwa mit der Nahrung, über die Atemluft oder auch durch die Haut bestehen und damit die giftige Substanz vom Körper resorbiert werden kann. Die Invasion eines Stoffes (= Resorption), so der Fachausdruck, bedeutet die Aufnahme dieses Stoffes in den Blutkreislauf und seine Verteilung mit dem Blutstrom. Das wiederum setzt die Löslichkeit des Stoffes durch die Körpersäfte voraus.

Soviel zum Allgemeinen. Nun zum speziellen Fall Blei. Die Ionen der Schwermetalle, wie Quecksilber, Blei, Cadmium, sind Enzymgifte.[42] Enzyme sind quasi die Werkzeugmaschinen einer lebenden Zelle. Jede Zelle enthält sehr viele verschiedene davon. Um ein Gift in seiner Wirkung zur vollen Entfaltung zu bringen, braucht es je nach Art eine entsprechende Dosis (Quantität). Die Dosisfrage ist also elementar wichtig.

Nun, der Eintrag von Blei in unsere Umwelt erfolgt überwiegend über die Atmosphäre. Dieses Blei, das überwiegend auf die Bleizusätze im Benzin zurückzuführen ist, begegnet uns als lungengängige bleihaltige Ärosole, die allerdings auch erst durch Resorption in den Blutkreislauf beziehungsweise die Lymphe gelangen müssen, ehe es giftig wirken kann. Die relativ große Oberfläche des mikroskopisch feinen Bleioxidstaubes kann dessen Löslichkeit begünstigen. Trotzdem ist die Resorbierbarkeit von Blei schlecht, so dass akute Intoxikationen mit Blei sehr selten sind.[42] Die Giftwirkung des Bleis ist an seine Löslichkeit gebunden! Wohl wurde Blei über Jahrhunderte hinweg unter dem Namen Bleizucker für Giftmorde verwendet. Bleizucker ist aber nichts anderes als das praktisch einzige lösliche Salz des Bleis in Form von Bleiacetat. Selbst für dieses bedurfte es einer regelmäßigen Zuführung und dies über längere Zeit, ehe die tödliche Wirkung auftrat. Die letzte Bleivergiftung als Berufskrankheit, wie sie ehedem von den Druckern wegen der Bleidrucksätze bekannt war, wurde in der Bundesrepublik Deutschland vor 1970 gemeldet.

Es ist also festzuhalten: Die Invasion eines Giftes setzt seine Löslichkeit voraus. Umgekehrt heißt das: Unlösliche Stoffe sind auch ungiftig![44]

In diesem Zusammenhang mag daran erinnert sein, dass im Haushalt Gifte nahezu allgegenwärtig sind und Vergiftungen im täglichen Leben erschreckend häufig vorkommen (jährlich über 60.000 Vergiftungsfälle).

Wie sieht die Vergiftungsgefahr nun mit dem Bleischrot für unser Flugwild, vor allem die Enten, aus?

Beim Bleischrot handelt es sich um Bleikügelchen verschiedener Normgrößen. Die Kugel ist der geometrische Körper mit der kleinsten Oberfläche. Die metallische Außenhaut der Kügelchen verschließt die Hauptmenge des Bleis dieser Kugel wie in einem Sarg. Für jede denkbare Lösungsmöglichkeit durch die natürlichen Körpersäfte des Wildes ist also von vornherein nur eine begrenzte Oberfläche des Giftes vorhanden, die keinem Vergleich mit den Oberflächen der Bleiärosole standhält. Hinzu kommt die praktische Unlöslichkeit von metallischem Blei in diesen Körperflüssigkeiten. Der Zeitvorgang, der zur Entfaltung einer Giftwirkung außerdem benötigt wird, braucht hier gar nicht mehr berücksichtigt zu werden.

Die eingangs gestellte Frage, was ist Gift und was wird wann zum Gift, lässt sich nunmehr beantworten. Blei ist giftig und wird dann seine Giftwirkung entfalten, wenn es in gelöster Form seinen Invasionsweg findet. Solange eine Bleimodifikation jedoch, wie bei den Schrotkugeln, nicht löslich ist, ist das Blei auch nicht giftig! Das ist ein genereller und allgemein gültiger Befund. Aus der Pharmakologie weiß man ferner, dass es medikamentöse Wirkstoffe gibt, die nur schwierig beigebracht werden können. Um deren heilende Wirkung sich besser entfalten zu lassen, greift man gerne zu „Formulierungshilfen". Diese „Formulierungen" sind ein wichtiger Teil der pharmazeutischen Industrie und bedeuten nichts anderes, als die Wirksubstanzen am Ort zu besseren gewünschten Wirkungen zu bringen. Bei Heilmitteln will man also über diesen Weg die Invasion erleichtern. Diese gerade umgekehrte Situation bestätigt ihrerseits ebenfalls: Wo keine ausreichende Löslichkeit vorhanden ist und damit die Verteilungsbreite unzulänglich wird, keine Wirkung!

Die grobe Gleichsetzung Blei = Gift ist in der üblichen schlichten Vereinfachung falsch. Nicht überall, wo Blei vorhanden ist oder verwendet wird, droht dessen Giftpotential. Hinsichtlich der Bleischrotdiskussion bedeutet dies, dass eine wichtige Annahme nicht stimmt, da die Voraussetzungen für die Entfaltung der Giftwirkung nicht bestehen. Der Sachverhalt unterliegt kaum einer Differenzierung, von der nötigen Urteilsschärfe dafür ganz zu schweigen.

Die Vergiftungshypothese, wonach Bleischrot wegen oraler Aufnahme die Wasservögel gefährdet, geht an den naturwissenschaftlichen Fakten vorbei und liefert keine der Wirklichkeit entsprechenden richtigen Erklärungen. Die Bedingungen im Magen und Darmtrakt der Wasservögel sind nicht so, dass die Schrotkörner aufgelöst werden und das Blei als Gift unmittelbar oder dauerhaft wirken kann. Vorstellbar kann sein, dass Bleischrotkugeln im Magen durch die dort ebenfalls vorhandenen Mahlsteine abgerieben werden, also über diese Art der „Formulierungshilfe" Blei fein verteilt wird und eine größere Resorptionsmöglichkeit bekommt und damit dann seine Giftwirkung entfalten kann. Doch dazu bedarf es viel Zeit und besonders einer ausreichend hohen Konzentration (= Dosis) an Blei. Das sind zwei Faktoren, die für die tödliche Wirkung zusammenspielen müssen. Sie sind in freier Wildbahn in ihrer statistischen Wahrscheinlichkeit marginal klein. Auch der Hinweis, dass angeschossenes Wild mit Blei in der Muskulatur, auf Grund enzymatischer Vorgänge an diesem Blei eingehe, ist nichts als eine Behauptung. Man vergisst den Zeitbedarf für das Wirksamwerden der enzymatischen Störungen. Nur nebenbei sei erwähnt, was inzwischen bekannt wurde, dass im Magen von Wasservögeln praktisch keine Schrote gefunden werden. Wohl aber des öfteren Angelblei.

Es wird deutlich: Wir haben es mit einem Scheinproblem zu tun, das so überflüssig ist wie ein Kropf. Die Stoffeigenschaften des Bleis sind nicht richtig berücksichtigt. Kurzum, die Fakten in ihrem Zusammenspiel nicht zu Ende gedacht.

Fehler dieser Art ereignen sich immer wieder und sind korrigierbar. Wenn indes dem aktuellen Zeitgeist gezollt und damit emotionales Engagement ausgelöst wird, können solche Irrtümer zu langwirkenden, teuren Verwerfungen in der Volkswirtschaft, in mittelständischen Unternehmen und in der behördlichen Verwaltungspraxis führen. Bei den Protagonisten der Antibleischrotwelle ist indes eher zu vermuten, dass für sie die universitären Lehrbücher für Toxikologie und Chemie, an sich für jedermann zugänglich, kaum von Interesse waren.

Was sich dann alles tut und tun kann, mag hier zur Abrundung des Bildes an einigen Beispielen aufgezeigt werden. Zunächst hat sich Anton Moser[45] mit den Bleigrenzwerten für die Bodenbelastungen auseinandergesetzt. Er kommt einmal zu dem Ergebnis, dass das jagdlich verschossene Blei gegenüber jenen Mengen, wie sie beispielsweise bei der Deponierung von Klärschlamm beziehungsweise der Endlagerung von Klärschlamm anfallen, überhaupt nicht ins Gewicht fällt. Keinerlei Trinkwassergefährdung. Die Belastung lag unter der Nachweisgrenze. Lediglich nach dem Vorsorgeprinzip des Umweltschutzes sind Wurftaubenanlagen, also Schießsportstände, als nicht unbedenklich eingestuft worden. Jedenfalls besteht von dieser Seite her wenigstens so weit Klarheit, dass der Umweltschutz für den Menschen gesichert ist und Jäger bei der Verwendung von Bleischrot keine vergiftete Landschaft hinterlassen. Etwas erfreulich Beruhigendes, das es verdient, genannt zu werden.

Herbert Rosenstingl[46] hat sich mit der „Bleibelastung der Umgebung eines Schießstandes" auseinandergesetzt und kommt zu dem Ergebnis: In einer genau definierten Umgebung eines Wurftaubenschießstandes ist diese, wegen des mit Bleischrotkugeln kontaminierten Bodens, von der landwirtschaftlichen Nutzung auszuschließen. Dagegen war eine Gefährdung des Grundwassers nicht beobachtet worden.

Die mögliche Umweltbelastung durch Blei bei Verwendung von Bleigeschossen ist ja nicht verschlafen worden. Bereits 1983 hat sich der Deutsche Jagdschutz-Verband damit befasst und Resultate vorgelegt, die 1986 erneuert und 1990 auch vom Bundesumweltamt in Berlin wiederum bestätigt wurden.[47] Bleischrote sind nicht umweltbelastend und gefährden weder Grund- noch Trinkwasser. Die Verwendung von Bleischroten bei der Jagdausübung ist grundsätzlich unbedenklich.

Natürlich ist auch zur Frage „Blei im Wildbraten" längst Klarheit geschaffen. Hier hat R. Hadlok[48] aus lebensmittelhygienischer Sicht im Hinblick auf den Verbraucherschutz ein differenziertes und klarstellendes Urteil abgegeben. Dort heißt es: „Die Mittelwerte der Bleibelastung der Muskulatur von Rehwild, Rotwild und Schwarzwild lagen unterhalb des Richtwertes von 0,25 mg/kg." Und an anderer Stelle: „… metallisches Blei in der Resorbierbarkeit stark herabgesetzt zu sein scheint … sechswöchige Fütterungsversuche mit 8 Schrotkugeln pro Tag … keine Änderung der Blutbleigehalte bewirken." Der Verbraucher ist nicht gefährdet, so die Quintessenz. Bei Innereien mag Vorsicht angesagt sein, aber diese kommen ja nicht in den Handel.

Abschließend hierzu als Ornament am Rande: Tatsache ist, dass auf den Wurftaubenständen in der Bundesrepublik Deutschland (alt) jährlich etwa 1970 Tonnen Blei verschossen werden, während gleichzeitig gut 3000 Tonnen Blei aus den Autobatterien in der Landschaft unkontrolliert entsorgt werden. Für die Bleiplatten in einem Akku gilt im Prinzip, da es sich hierbei um metallische Flächen handelt, das gleiche wie für die Schrotkugeln. Das Gefahrenpotential ist ebenfalls weitgehend verschlossen. Stärker die Umwelt belastend ist da schon die Akkumulatorensäure, bei der es sich immerhin um 32%ige Schwefelsäure handelt.

Geradezu schillernde Blüten treibt die Diskussion um die Bleimunition, sobald auf den grundlegenden Denkfehler noch ein zweiter Denkfehler draufgesetzt wird. In einem Artikel von Kosmos 5/96[49] wird unter anderem anhand eines Röntgenbildes ein an Bleivergiftung gestorbener Gänsegeier geboten. Er fraß einen mit Bleischrot geschossenen Fuchs und nahm dabei die „giftigen Schrotkörner" auf. Sie sind im Magen deutlich zu erkennen, so der Originalton. Die Aufnahme beweist jedoch lediglich, dass der Gänsegeier Bleischrot vom Fuchs in seinen eigenen Magen gebracht hat. Nicht mehr und nicht weniger. Dass er an Bleivergiftung eingegangen sei, ist wiederum nichts als eine Behauptung und rückt den wissenschaftlichen Wert einer solchen Aussage in ein sehr zweifelhaftes Licht.

Diese trügerische Denkweise ist indes steigerungsfähig. Im Focus[50] ist folgendes zu lesen: „Trotz Vogelschutzgesetz enden in Italien jährlich 50 Millionen Sänger im Kochtopf. Die Kugeln der Jäger bedrohen sie gleich doppelt: Oft fressen sie versehentlich die Bleikugeln. World Watch schätzt, dass genauso viele Vögel an Bleivergiftung sterben wie erlegt werden."

Zunächst einmal, die Schätzzahlen hinsichtlich der an Bleivergiftung eingehenden Vögel sind willkürlich gegriffene Zahlen, reine „Mondzahlen". Aber Gedankenträgheit greift nun mal leicht um sich. Dabei könnte es jedermann selbst überprüfen. Abgesehen davon, dass die kleinen Vögel überwiegend durchschossen sein dürften und nur verhältnismäßig wenig Schrotkugeln in den Singvögeln verbleiben werden, gibt es dazu auch eine grundsätzliche Rahmenbetrachtung. Wenn jährlich 50 Millionen Vögel in Italien in den Kochtopf wandern, muss man davon ausgehen, dass dies mindestens seit 100 Jahren so geschieht. Das ist ein riesiges, unbeabsichtigtes Massenexperiment, ja man könnte es sogar als eine epidemiologische Untersuchung – eine ungewollte, versteht sich – bezeichnen. Da die Vögel alle durch die menschlichen Mägen wanderten, sind bei dieser gewaltigen Zahl auch eine ganze Menge Schrotkugeln dabei gewesen. Angesichts des langen Zeitraums wird es rein statistisch damit unvermeidlich, irgendwann einmal Bleivergiftungserscheinungen am Menschen zu beobachten, welche auf Schrotkugeln zurückgeführt werden könnten. Im Klartext: Vogelesser haben auch Schrotkugeln verschluckt. Bei den zahllosen Kontaminationsfällen hätte sich in diesen 100 Jahren eine Bleivergiftung, so es sie durch Schrotkugeln gibt, bemerkbar machen müssen. Und hat sie das? Mitnichten! Das Gefahrenpotential des Bleischrots hat sich offensichtlich nicht gezeigt.

Auch die Literaturstudie der Ingenieurgemeinschaft agwa GmbH[51] hat nichts geliefert, was nicht schon bekannt gewesen wäre. Die Prioritätenreihe des Giftpotentials von Bismut, Eisen, Zink zu Blei ist alter Stand der Technik. Die Hauptfrage, wann Blei sein Giftpotential, weil löslich geworden, entfalten kann, wird gar nicht gesehen, und die zitierten Fütterungsversuche einer anderen Studie sind in ihrer Dosierung meilenweit entfernt von den wirklich existierenden Bedingungen für die Wasservögel in freier Natur. Nicht alles ist eben Wissenschaft, selbst wenn versucht wird, sich ein solches Mäntelchen umzuhängen.

Bedauerlicherweise ging zudem in dieser Diskussion eines verloren: das Augenmaß. Gemeint ist damit die Relation der menschlichen Tätigkeit der Jäger und Sportschützen in Bezug auf die Zahl der Wasservögel bzw. deren Lebensräume. Der Existenz vielen aberhunderter Millionen von Wasservögeln mit unzählbaren geeigneten Wasserplätzen stehen wenige spezielle Sportschützenstände an Uferstränden gegenüber. Nur von diesen aus können mit Bleischrot Flachwasserzonen an Binnenseestränden eingedeckt werden. Das sind im Grunde lokale Seltenheiten. Vergleicht man damit die normale Praxis eines Entenstrichjägers, so wird die aktuelle Forderung nach Weicheisen-Bismut-Zink-Schrot geradezu unverständlich. Die Forderungen sind unvernünftig, lösen sie ja gleichwohl Impulse bei der einschlägigen Jagdwaffenindustrie und den Munitionsfirmen aus. Früher oder später werden dann Firmen gezwungen, Investitionen für kostenaufwendige Alternativentwicklungen zu tätigen, die schlussendlich völlig umsonst sein werden. Man denke bloß an Bismut, das schon allein mangels Masse als Ersatz ausfällt.[52]

Es ist von vornherein erkennbar: Die betroffenen Wirtschaftszweige begeben sich mit ihren Good-will-Anstrengungen nicht in fruchtbares Neuland. Sie haben nur eine dürre Wüste vor sich, in der das Verdursten vor dem Überleben kommt.

Wer von denen, die nach einem Verbot des Bleischrotes rufen, und das ist unabhängig davon, dass dieses bereits ganz oder teilweise in Dänemark, Norwegen, Holland, England und USA gilt, kennt eigentlich das Gefährdungspotential all der Schrot-Neuentwicklungen? Jede Neuheit hat auch eine Kehrseite. Was zunächst einmal als Fortschritt erscheinen mag, hat oft versagt und musste wieder aufgegeben werden, denn nicht selten blieb die Bewährung im Laufe der Zeit aus. Die Alternativschrote, gleichgültig, was sich hierzu herausschälen wird, haben ihre negativen Seiten und werden noch einiges offenbaren.

Was freilich angesichts des Sachverhaltes indes als schlimmer Brauch, ja schon fast als unverantwortlich eingestuft werden muss, ist die derzeitige Verwaltungspraxis im Zusammenhang mit den Sportschießständen. Mit einem rationalen Umgang in der Sache hat dies weithin nichts mehr zu tun. Den Sportschützenvereinen werden völlig unnötige Geldaufwendungen verordnet, im vorauseilenden Vorgriff aufgrund der falschen Devise: Blei ist automatisch Gift.

Der emotionale Wille mitzuhelfen, um die Welt zu verbessern, kann und darf kein Passepartout sein.

Es gibt keinen Freibrief für den Marsch in die falsche Richtung und schon gar nicht dafür, Dritte zu teuren und verfehlten Geldausgaben zu zwingen.

Das Auwaldgejammer

Der Ruf nach Erhaltung des Auwaldes in unseren Strom- und Flusstälern erschallt in schöner Regelmäßigkeit und Gedankenlosigkeit. Die Naturschützer schätzen das Biotop der Flussauen sehr und übersehen dabei leichthin, dass wir bestenfalls bei uns nur noch verstümmelte Naturinseln in unserer Landschaft haben können.

Ein Paradebeispiel liefert der Oberrhein mit seinem Rhein-Neckar-Raum. Wir haben ohne Zweifel eine Kernzone der Europäischen Union vor uns. Zur Zeitenwende lebten auf einem Quadratkilometer 5 bis 7 Menschen, um 1800 etwa 50, und gegenwärtig sind es 2000 bei steigender Tendenz zur weiteren Verdichtung. Niemand kann es verwundern, wenn die Menschen solcher Ballungsräume in ihrer Freizeit hinaus in die Natur drängen. Das geographische Umland nimmt der Mensch mit seinen Aktivitäten gleich mehrfach in Besitz. Landwirtschaft, Verkehr, Handel und Industrie sind miteinander verzahnt. Darüber stülpen sich die vielfältigen Formen der Freizeitgestaltung auf dem Weg zur Selbstverwirklichung.

Wanderer, Nordikwalker, Reiter, Mountainbiker, Kanufahrer, Segler und Segelflieger, Jogger, Pilzsucher, Husky-Hundegespanne hecheln durch die Felder. Sommerliche Grillfeste ziehen sich auf den Campingplätzen durch die Nächte. Fluss und Au, Wald und Flur werden zwecks Erholung schier grenzenlos ausgebeutet. In der einen oder anderen Form werden etwa 97 Prozent der Fläche in der Bundesrepublik Deutschland sowieso genutzt.

Das ist die Situation unserer Gegenwart.

Jede dieser Tätigkeiten greift in die Ökologie der Landschaft ein, hinterlässt ihre Spuren, verändert einmal langsam, manchmal auch schneller die Lebensräume und Lebensnischen unserer Wildtiere.

Bis heute ist es kaum richtig abschätzbar, welch enorm schädliche Auswirkung allein aus der permanenten Ruhestörung für unser Niederwild resultiert. Untersuchungen am Rotwild[53] zeigten auf, in welchem Maße die Ruhestörung die Tiere belastet. Gestörte Ruhe erregt die Tiere, versetzt sie in Angst, treibt sie zur Flucht und erhöht den Energieverbrauch um etwa 20 Prozent. Das kann die Nahrung nicht abdecken, das muss der Fettvorrat ausgleichen. Wo das unmöglich ist, kommt es zur körperlichen Schwächung. Man darf davon ausgehen, dass dies im Prinzip für unser Niederwild genauso gilt. Zuviel Stress schwächt die Lebenskraft.

Ehemals hervorragende Niederwildreviere, wie man sie in Aulandschaften häufig antraf, sind nicht wiederzuerkennen. Selbst bei Verzicht auf Bejagung lassen sich kaum Anzeichen der Erholung des Wildbesatzes feststellen. Wenn auch anerkanntermaßen viele verschiedene Gründe in ihrer Verdichtung dies verursachen, so gehört die Stressbelastung unseres Niederwildes als einer davon zweifelsohne mit dazu. Letztlich trägt der Mensch dafür die Verantwortung, und dies zu verdrängen, ist nicht angebracht.

Nun wird für diese europäische Kernzone vorgerechnet, wie durch die Tullasche Rheinregulierung und die dadurch mögliche Industrialisierung dieses Raumes fast 100.000 Hektar Auwald verlorengingen.[54] Rein rechnerisch stimmt dieser Verlust an Fläche für die Nutzung des Bodens nach alter Weise. Ist es da nicht angebracht zu fragen: Was hat man damit gemacht? Sind die natürlichen Ressourcen dieser Landschaft inzwischen besser verwertet worden? Nun, die Menschen rückten näher an den Strom heran, siedelten im Schutz der Hochwasserschutzdämme die aufkommenden Industrien an. Es waren durchwegs Branchen, die in ihrem Wachstum von über 100 Jahren die Lebensqualität dieses Raumes beachtlich erhöhten. So wurde zum Beispiel auf dem Flussauengelände von einst anfangs des 20. Jahrhunderts die Ammoniaksynthese in einer Fabrik verwirklicht. Hier schrieb man Weltgeschichte, denn ohne diese Innovation würde heute bei unserer Weltbevölkerung von 6 Milliarden die Hälfte hungern und nicht bloß 800 Millionen.

Kann man dafür nicht auf die eine oder andere Struktur früherer Flusslandschaften verzichten?

Nicht in jedem Stromtal entstehen solche Kernräume. Anderswo bleiben nach wie vor Auwälder ausreichend übrig. Man kann sie nur nicht mehr überall haben.

Irritationen durch „Overkill-Hypothesen"

Weidwerk nutzt Wild: Aufgrund des Prinzips der nachhaltigen Nutzung ist keine jagdlich genutzte Wildart in Mitteleuropa durch die Jagd gefährdet![55] Dieser Sachverhalt hat sich inzwischen als Erkenntnis bei uns durchgesetzt. Trotzdem wird in der Öffentlichkeit in schöner Regelmäßigkeit von der Gefährdung der Arten durch den Menschen, natürlich auch durch die Jäger, gesprochen. Dabei ist Mitteleuropa ein relativ kleines Gebiet im Vergleich zu den riesigen Kontinenten unserer Erde. Was halten Asiaten, Afrikaner oder Südamerikaner von unserer ökologischen Betrachtungsweise? Kein Zweifel, wir haben eine Sonderrolle inne, sind Wegbereiter. Wir beginnen unsere Verantwortung gegenüber den späteren Generationen zunehmend ernster zu nehmen und kommen dabei manchmal beträchtlich vom Pfad der Realität ab. Das führt zu Verständnisschwierigkeiten, und wir sollten wissen, womit wir uns auseinandersetzen müssen.

Wie sieht es mit dem Artensterben aus?

Biologen schätzen, dass etwa 99 Prozent aller entstandenen Arten im Verlauf der Erdgeschichte wieder verschwunden sind – und nahezu alle ohne Zutun des Menschen. Die Natur kennt die Hierarchie der Lebewesen und ist strukturiert bis ins kleinste. Auch der Mensch kennt ja eine Rangordnung der Werte; und das nicht ohne Auswirkungen. „Dort, wo der Mensch seit vielen Jahrtausenden die Erde besiedelt, besteht genauso lange eine Wechselwirkung zwischen dem Menschen und seiner Umgebung. Anders gesagt: Wir haben überall eine Kultur-Natur und das ‚Naturgemäße' ist damit von vornherein relativiert."[56] Der Abfalleimer der einen Art ist schon der Lebensraum der anderen. Noch immer wissen wir nicht, welche Ökonomie mit welcher Ökologie in welcher Weise sich vereinen lässt. Ja, und Jagdwirtschaft ist auch Ökonomie.

Angesichts dessen zeugt es nicht gerade von Verantwortung, sondern mehr von Profilierungssucht, wenn Wissenschaftler mit falschen Thesen sich in die Medien drängen und die Öffentlichkeit weltweit verwirren. So kam beispielsweise aus USA in den achtziger Jahren des 20. Jahrhunderts im wissenschaftlichen Gewand die „Overkill-Hypothese". Sie behauptete schlicht, dass das Aussterben der Großsäuger das Resultat eines Ausrottungsfeldzuges der „technisch hoch entwickelten" Jäger der Nacheiszeit sei. In Kurzfassung: Dies sei der Menschheit nachweisbare erste große ökologische Sünde. Irgendwo schwingt hier die gedankliche Assoziation Jäger/Urzeit = Jäger/Neuzeit mit. Es ist eine computergestützte Horrorhypothese! Doch sie verwandelt nicht Unsinn in Sinn. Die Szenarien und Computermodelle erscheinen sehr wissenschaftlich, haben jedoch eine Systemschwäche, die häufig das Ergebnis nach einiger Zeit entwertet. Das liegt daran, dass bei der notwendigen Vereinfachung eines komplexen Problems nicht alle Parameter eingebracht werden können. Gewöhnlich fallen bei der Auswahl einige Parameter unter den Tisch, sei es, weil man bei der Wertung derer sich irrt, sei es, weil man überhaupt nichts von ihnen ahnt. In solchen Fällen muss das Ergebnis unbrauchbar sein. Jede Szenarienrechnung ist stets nur so gut, wie die eingespeicherten Annahmen wirklich den Kern eines Problems erfassen können.

Dem Amerikaner war offensichtlich nicht bekannt, dass bereits vor 100 Jahren im sibirischen Eis erstmals ein vollständiger schockgefrorener Wollriese gefunden wurde, der noch seine eiszeitliche Henkersmahlzeit aus Tundragräsern und Butterblumen im Maul hatte. Den Mammut hatte ein Gefrierschock getroffen und getötet, wie all die anderen großen Säuger dieser Zeit. Mit dem Homo sapiens hatte das nichts zu tun. Nichtsdestoweniger: Die Overkill-Hypothese lief erstmals rund um die Welt.

Dessen ungeachtet sind gegenwärtig manche Tierarten durch unsere menschliche Aktivität vom Aussterben bedroht, manche sogar hoch gefährdet. Solchen Trends kann man nur rettend gegensteuern, wenn man die einzelnen Beweggründe genauer kennt. Was einst dem Steinbock im Mittelalter in unseren Alpen widerfuhr, widerfährt gegenwärtig dem Tiger in Asien. Solange Menschen dem medizinischen Aberglauben huldigen, ihre Potenzprobleme durch Aphrodisiaka von Wildtieren beeinflussen zu können, werden Wildtiere allein deswegen gejagt werden; gleichgültig, ob das offiziell erlaubt ist oder nicht. Von den Brunftkugeln des Steinbocks, über Fleisch vom Tiger, Robbenpenis, Haifischflossen, Hirschgeweihe bis hin zum Schlangensaft-Aperitif aus Blut, Gift und Hepatitisviren, wird da alles in Kauf genommen.

Wenn es asiatischen Feinschmeckern danach verlangt, wird einer Katze bei lebendigem Leib das Fell abgezogen. Auch die Fressgier hat ihre Folgen, besonders für seltene Wildtiere. Der chinesische Spezialitätenanspruch, wie er in Kanton zu Hause ist, wird vorsichtig mit dem Satz beschrieben: Es wird alles gegessen, was vier Beine hat, ausgenommen Tisch und Stuhl, und alles, was mit Flügeln ausgestattet ist, abgesehen von Flugzeugen.[57)]

Es gibt in Asien keine einheitliche Haltung zu den Tieren. Man kennt tierfreundliche Religionen mit verschiedenen Ausformungen. Das geht bis hin zur Koexistenz mit Kühen, Hühnern, Ratten, Zikaden und Kakerlaken, was aber beileibe nichts mit sentimentaler Tierliebe zu tun hat.

Auch in Afrika ist es im Prinzip kaum viel anders. Da wird schon einmal auf dem Basar von Kinshasa ein lebender Papagei, eingewickelt in große grüne Blätter, für den Kochtopf angeboten.

Nun, das sind Gewohnheiten und individuelle Gebräuche des Menschen. Es gibt indes gänzlich andere Zwänge. Eine Großreligion wie der Islam schreibt das Verhalten bestimmten Tieren gegenüber vor. Allgemein weiß man, dass das Schwein nicht koscher ist. Weniger dagegen, dass auch Hunde als unrein gelten. Eine Toleranz, wie die Aufnahme von Hunden in Haus und Hof, kann in dem Großraum dieser Region gar nicht aufkommen. Wie weit so etwas wirklich ausstrahlt, ist heute noch in Spanien zu sehen. 800 Jahre Islam hinterlassen eben kulturelle Erbstücke. Dazu zählt etwa die Gewohnheit aller Dorfbuben, von klein auf jeden Hund mit Fußtritten böse zu drangsalieren. Doch nicht nur Schweine und Hunde leiden darunter. Es gibt wahrhaft Bizarres, selbst dort, wo der Mensch dem Menschen Gutes tun will. Zum islamischen el-Adn-Fest lassen viele männliche Pilger in Mekka Tiere für die Armen schlachten. An vier Tagen werden etwa 300.000 Tiere getötet. Von den Opfergaben wurden wegen fehlender Schlachthäuser allerdings lediglich 10 Prozent verzehrt, der Rest verweste in den Straßen.[58] Möglicherweise hat sich das inzwischen geändert. Allein, wo es unvorstellbar ist, etwa einen Hund genau wie oder gar anstelle eines Menschen in die Sozialbeziehung einer Familie aufzunehmen, wird man mit unserer abendländischen Auffassung vom Naturschutz beziehungsweise Tierschutz keine Resonanz finden.

Abschließend zu diesem Thema mag als konterkarierendes Glanzlicht verbohrter Unvernunft der absolute Schutz von Greifen – und Länder weise auch von Rabenvögeln – erwähnt sein. Wildtiere, die nicht gefährdet waren, als sie bejagt werden durften, werden geschützt, um der Bejagung entzogen zu werden, und Hase, Fasan sowie Rebhuhn verschwinden dafür von unserem Küchenzettel. Wem nützt das? – Auf jeden Fall der Befriedigung des Sozialneides.

Folgerungen aus den Abhängigkeiten

Auf dem breiten Feld des Umweltschutzes scheinen speziell die Deutschen das Talent zu haben, aus unserem Zeitalter das der Angst zu machen. Franzosen, Engländer, Italiener, Spanier sind darin weniger geplagt. Immerhin haben wir uns inzwischen an die Schadstoffe des Monats gewöhnt und erlebten so hautnah die: Stickoxide in der Luft – Nietrosamine im Bier – Glykole im Wein – Nitrate im Mineralwasser – Würmer im Fisch – Blei im Gemüse – Gammastrahlen in Pilzen – Pestizide im Salat – Cadmium im Brot – Pflanzenschutzmittel in Konserven – Ausgebrütete Eier in Birkel-Nudeln – PCB in Spanplatten – Asbest in Wohnräumen – Milben im Teppich – das Ozonloch – den CO_2-Treibhauseffekt – das bedrohliche Cholesterin – Hormone in Kälbern – verrückte Kühe – neurotische Schweine und noch manches mehr. Unsere Themen des Tages sind: das Herz, die Lunge, der Darm, die Potenz, die Galle, die Leber, der Krebs, und das alles bei ständig steigender Lebenserwartung.

Bei dieser generellen Sensibilisierung darf kein Jäger erwarten, dass der kleine Bereich des Weidwerks etwa unberührt bliebe. Die hier aufgelisteten Fallbeispiele belegen ja das Ineinanderfließen der Thematik. Zum Beispiel Blei, Cadmium, Strahlenbelastung. Wir können uns den Strömungen der Zeit nicht entziehen. Aber wir sollten es lernen, die unverrückbaren Grenzen zu sehen und anzuerkennen, die echten Probleme von den Scheinproblemen zu unterscheiden. Der Wunsch nach sinnvollen Verbesserungen muss auch die „Auswüchse der guten Absichten" korrigieren. Ja, er soll das alles mit der Machbarkeit der Finanzierung und dem nötigen Zeitaufwand verbinden. Wo das Geld fehlt oder es ausgeht, weil Ökologie zum Selbstzweck wird, wird der materielle Boden durchbrechen und die Ideale werden durch das Loch abstürzen. Falsche Weichenstellungen im Sinne von nicht praktikablen Lösungen bedeuten nichts anderes, als betriebs- wie volkswirtschaftliche Geldvernichtung. Man wird künftig dabei auf das Systemvertrauen nicht verzichten können. Das Vertrauen in die Funktionssysteme muss wieder aktiviert werden. Im Falle des Funktionssystems Weidwerk heißt das, dass die Menschen dem Jäger zutrauen, als Naturschützer und ökologisch denkender Mensch Informationen und Erkenntnisse in die Realität umsetzen zu können. Wir können es uns in unserem dicht besiedelten Land nicht mehr leisten, die Natur voll und ganz sich selbst zu überlassen. Und wir brauchen die Landwirtschaft, wir brauchen die Jagd.[59] Umweltschutz, Naturschutz, das muss im Kopf stattfinden.

Es ist dabei von vornherein zu bedenken, dass kurzsichtiges und ungeduldiges Handeln riskant und gefährlich zugleich ist, denn die unvermeidlichen negativen Begleiterscheinungen werden übersehen. Wenn sie nach etlichen Jahren allen sichtbar sind, erzwingen sie ein teures Gegensteuern. Man macht es falsch, nach einer Ideologie zu steuern. Natürlich ist es genauso falsch, in naiver Ahnungslosigkeit hemdsärmelig zu handeln. Als klassisches Beispiel dafür sei da Australien angeführt, wo eingeführte Haustiere verwilderten und importiertes europäisches und asiatisches Wild keine natürlichen Feinde vorfand. Nicht nur bei den Karnickeln trat eine ungehemmte Vermehrung bis zur Landplage ein, die jetzt den Menschen ziemlich hilflos erscheinen lässt. Selbst die Kängurus haben mittlerweile dort einen Bestand von etwa 25 Millionen Tieren, was immerhin die Regierung veranlasst, einen jährlichen Abschuss von rund 2 bis 3 Millionen (10 Prozent) vorzuschreiben. Besagt das nicht genug?

Wir dürfen uns ruhig zu der Tatsache bekennen: Je höher der Kenntnisstand von physikalischen, chemischen, biologischen und ökologischen Zusammenhängen, desto geringer das Risiko bei der Anwendung unserer Methoden. Es muss ferner Klarheit darüber bestehen, dass es Umweltschutz ohne Einsatz von Technik nicht gibt, und das ist gänzlich unabhängig davon, wie viele Fehlschläge damit verbunden sein werden. Maßen sich nicht etwa viele an, ein Vorbild für Umweltschutz zu sein und zweifelsfrei zu wissen, was richtig ist? Gute Absicht allein schafft nicht immer gute Werke. Eingedenk dessen seien wir uns bewusst, dass der Weg zur Erhaltung der natürlichen Lebensbedingungen im Zusammenspiel von Weidwerk, Ökologie und Umweltschutz völlig offen ist und noch vieler Korrekturen bedarf. Es wird stets eine Schaden-Nutzen-Abwägung geben. In letzter Konsequenz bleibt es damit bei einer Eingliederung der Umweltbelange in die Interessen des Menschen. Von den Menschen losgelöste Umweltbelange können nicht Selbstzweck sein.

Der Mensch bleibt das Maß der Dinge, wie das in der Antike und seither in der christlichen Ethik bis heute der Fall war.

Das heutige Milieu des Jägers

Die Jagd im Widerspruch unserer Zeit

Ein Blick in die Geschichte lehrt: Keine Religion, keine Philosophie, keine Weltanschauung, kein Herrschaftsprinzip, kein Staat blieb unumstritten oder konnte sich gar weltweit dominierend durchsetzen. Mit einer Ausnahme: die Naturwissenschaften! Ihnen gelang es im 20. Jahrhundert, weltweite und unbestrittene Anerkennung zu gewinnen. Ansonsten gab es im Großen wie im Kleinen stets den Widerspruch, die Gegenposition, aus welchen Gründen auch immer und wie verzerrt dabei auch die jeweiligen Relationen sein mochten. Das Bewährte, die Tradition war nie sakrosankt, fand immer Ablehnung und Gegner.

Das ist eine Tatsache, mit der wir leben müssen. Auch den Jägern bleibt diese Situation nicht erspart. In dieser Lage haben wir die Pflicht, unsere eigene Position der Öffentlichkeit für jedermann nachprüfbar darzustellen. Das bedeutet gleichzeitig, sich mit Augenmaß der Rahmenbedingungen bewusst zu sein, die uns aus vielerlei, nichtsdestoweniger ernsthaften Gründen begrenzen.

In der Auseinandersetzung des Denkens und Wirkens gegenüber den Utopien unserer Gegner stellt sich sehr schnell und unmittelbar die Frage: Was ist uns selbst das Weidwerk wert? Nur der verantwortungsbewusste Jäger mit einer aufgeschlossenen Bereitschaft, der Sache zu dienen, kann der Mann der Stunde sein. Kein Handwerk wird nach seinen Pfuschern bewertet, doch wir werden paradoxerweise nach diesen Pfuschern verurteilt. Das Bild der Jägerschaft in der Meinung der Öffentlichkeit muss die übergroße Mehrheit der verantwortungsbewussten Jäger prägen und darf nicht von den Negativklischees der veröffentlichten Meinung bestimmt sein. Jäger, die das Negativklischee bestätigen, dürfen nicht zu uns gehören.

Bei all dem gilt freilich noch ein anderes Faktum: Jede Diskussion ist dann am Ende, sobald unwiderlegbare Sachargumente abgelehnt oder ignoriert werden, weil ihre Anerkennung eine Denk- oder Verhaltensänderung zur Folge haben müsste. Wenn man die Sachlichkeit konterkariert und die Flucht in eine glaubensähnliche, emotionale Haltung antritt, sind bei allem guten Willen die Grenzen der Verständigungsmöglichkeit erreicht.

Ein Kernpunkt der Diskussion wurzelt in einer Realitätsfremdheit. Anders gesagt, in dem unterschiedlichen Erfahrungsinhalt, mit dem dieselben Begriffe bei den Praktikern und Theoretikern besetzt ist. Es ist die Frage, wie setzt sich unser ältestes Handwerk mit dem Hauptvorwurf der Gegenwart „Tötung der Wildtiere" auseinander?

Vorneweg sei bemerkt, es führt kein Weg daran vorbei, dass Leben Sterben beinhaltet und nach dem Naturgesetz der Evolution „Fressen und gefressen werden" auch oft Töten heißt. Ortega y Gasset nannte das „die unerbittliche Rangordnung unter den Lebewesen."

Jeder lebende Organismus braucht für seinen Stoffwechsel organische Substanz. Kurt Lindner hat das unmissverständlich auf den Punkt gebracht: „Wer das nicht will, muss in seiner letzten Konsequenz schließlich Steine essen." Wir stoßen damit auf die Rangordnung der Werte und die Rolle der Verantwortung.

Rangordnung der Werte

Die Menschheit hat sich im Laufe der Jahrtausende ein Wertesystem geschaffen. Es war zunächst ein Instrument, das die Überlebensfähigkeit der Art stützte, im Laufe der Zeit zunehmend verbessert wurde und schließlich heute in den Wohlstandsinseln dieser Welt zu einer allgemeinen Lebensqualität führte, wie es sie so vorher nie gab. Weil dieses Wertesystem unser ganzes Leben durchzieht, unser Tun und Lassen wesentlich bestimmt, war es natürlich seit eh und je sowohl den Attacken derer ausgesetzt, die sich schlecht anzupassen vermochten, wie beispielsweise halluzinatorischen Weltverbesserern, die immer wieder versuchen, den Himmel auf Erden einzurichten und dabei stets eine Hölle schaffen.

Werte, das sind Vorstellungen, die in einer Gesellschaft vom überwiegenden Teil ihrer Mitglieder seit langem anerkannt werden und den Menschen Orientierung verleihen. Das gilt für moralische, religiöse, politische, ästhetische, materielle und familiäre Werte im gleichen Maße. Unser Wertesystem kennt eine Hierarchie der Werte. Auch die Jagd, unser Weidwerk, als Teil unserer Kultur, verkörpert einen Wert, der irgendwo in dieser Rangordnung einen Platz hat.

Die Prioritätsregeln sind nüchtern und einfach. Um mit A. Adam zu sprechen: „Das Notwendige hat den Vorrang vor dem Nützlichen und Angenehmen, das Wichtige vor dem Unwichtigen, die Hauptsachen vor den Nebensachen". [1] Nun, was ist wichtig im Leben eines einzelnen? Nochmals sei A. Adam zitiert: „Gesundheit und Leben, Familie und Beruf, die Wahrnehmung politischer und sozialer Verantwortung, Frieden und soziale Gerechtigkeit." Als Kontrast sei hinzugefügt: Keineswegs der Trip zur Selbstverwirklichung! Dagegen aber für die Jäger wohl das Weidwerk. Nun, damit kann jeder auf den ersten Blick erkennen, dass das Weidwerk unserer Güter höchstes nicht sein kann, ja, nicht sein darf. Wer als Jäger die Tatsache klar sieht und akzeptiert, unabhängig davon, wo er in seiner persönlichen Werteskala die Jagd ansiedelt, hat dem Andersdenkenden gegenüber eine, für sich klare, Position bezogen. Wer eindeutig zu verstehen geben kann: Weidwerk mit allen Konsequenzen, ja. Jedoch nicht um jeden Preis, und das sowohl im Sinne der Ethik als auch des Geldes, signalisiert zwei Dinge gleichzeitig: geistige Flexibilität in zeitgemäßer Orientierung und verantwortungsbewusstes Denken.

Über die Wertehierarchie kann ernsthaft nicht gestritten werden, selbst wenn jeder seine persönlichen Akzente unterschiedlich setzt. Um wieder A. Adam zu erwähnen: „Sie ist keine menschliche Erfindung … dahinter steht letzten Endes der Wille des obersten Gesetzgebers, des Schöpfer-Gottes." [2] Man kann das auch in naturwissenschaftlicher Sprache ausdrücken: Es sind die absolut gültigen Naturgesetze. Jedermann kennt sachgegebene Hierarchien aus dem Alltag, zum Beispiel kann ein Brückenbau nicht willkürlich vorgenommen werden, hier sind physikalische Gesetze in zwingender Reihenfolge zu berücksichtigen, um die Katastrophe eines Brückeneinsturzes zu vermeiden. Oder ein anderes Beispiel: Wer bei einem

Autounfall sein Bein verliert, kann weiterleben; wird sein Gehirn zerstört, ist er tot. Es sollte darüber kein Zweifel bestehen, die Natur ist strukturiert bis hinunter zum Molekül und Atom, und Strukturierung bedeutet allemal Hierarchie. Ein letztes Beispiel aus unserer Jägerpraxis: Wer Hirsche schießen will, lässt die Hasen laufen. Wer eine starke Sau strecken will, muss den Fuchs pardonieren, der vorher kommt.

An dieser Stelle sei ein allgemein bekannter Zustand in die Überlegungen mit einbezogen. Dem Menschen ist es nicht gegeben, Naturgesetze zu ändern. Er kann sie mehr oder weniger gut benützen. Das ist alles. Er kann sie natürlich, und das ist recht häufig der Fall, ignorieren. Wie auch immer, früher oder später kehrt die Wirklichkeit zurück. Der „real existierende Sozialismus" zerbrach an der Negierung des Eigentums. Längst wissen die Naturwissenschaftler: Eigentum ist identisch mit dem Begriff „kritischer Raum" und als solcher ein im Gen verankerter Anspruch der Individuen vieler Arten.[3] Wer heute also die Existenz von Werteordnung und Hierarchie nicht gelten lassen will, mag zwar viel Aufsehen erregen, wird aber letztlich erfolglos bleiben müssen.

Sehr eng mit diesen grundsätzlichen Erwägungen hängt ein semantischer Betrug zusammen, mit dem wir Jäger uns häufig und fast ebenso häufig recht abstrus auseinandersetzen müssen. Es geht um die Tötung der Tiere, bei uns um die der Wildtiere; in den Schlachthöfen der Welt ein hunderttausendfacher alltäglicher Vorgang und auf der Jagd deren finaler Schluss, so man Erfolg hat.

In den „Zehn Geboten" lautet das 5.: „Du sollst nicht töten." In böswilliger Absicht oder dummdreister Verbohrtheit dient dieses Gebot heute einem semantischen Betrug, in dem man Jäger als Mörder abstempeln will. Wiederum sei hierzu A. Adam zitiert: „Es ist eindeutig, dass sich dieses biblische Verbot ausschließlich auf das Töten eines Menschen, nicht eines Tieres bezieht … und das wird schon dadurch deutlich, dass die gleiche Bibel die zahlreichen Tieropfer (Schlacht- und Brandopfer) im jüdischen Kult auf Gott selbst zurückführt." Man stelle sich vor, dieser strenge, unerbittliche Jahwe hätte sich mit so einer entstellenden Verdrehung auseinandersetzen müssen? Kein Tieropfer mehr!

Auch die Griechen kannten in der Antike den Unterschied vom Töten des Menschen als Mord und dem Töten der Tiere als Schlachten. Der kultische Höhepunkt einer Olympiade wurde mit dem sogenannten Hekatombenopfer erreicht, und es wurden dazu nicht weniger als 100 Rinder in einer Prozession zum Zeusaltar geführt, um dort geschlachtet zu werden.

Indes, mit semantischem Betrug lassen sich Tatsachen nicht aus der Welt schaffen. Jeder, der die Nahrungskette des Lebens kennt – und alles Leben beruht nun einmal auf der Photosynthese –, weiß, das Pflanzen Nahrung für die Pflanzenfresser sind und diese wiederum für die Fleischfresser. Das Überlegene lebt vom Unterlegenen. Die Hierarchie ist absolut gültig. Mögen Vegetarier eine Stufe in der Nahrungskette auslassen, das Prinzip bleibt gültig.

Die Bibel stimmt damit überein. Sie kennt einen Kulturauftrag Gottes an den Menschen, verbunden mit einem Herrschaftsrecht über die Tierwelt. Beides zusammen wird als Lehenrecht deklariert, also Dienst am anvertrauten Gut, und das heißt, es zu erhalten und zu entfalten.

Für uns Jäger bedeutet dies zweierlei. Zum einen kann anhand dieses Faktums der chaotische Zeitgeist unserer Gegner ins Rampenlicht gerückt werden. Dabei lässt sich verdeutlichen, dass entgegen allem Wunschdenken nichts von diesen gegenseitigen Abhängigkeiten aufhebbar oder entwertbar ist. Zum anderen verlangt dieses Lehenrecht die Dienstleistung an der Schöpfung, also Hege und Erhaltung der freilebenden Tierwelt.

„Dass der Mensch im Reich des Lebendigen eine Sonderstellung einnimmt, ist eine Selbstverständlichkeit; dass sie im Evolutionsprozess geworden ist, nimmt unserer Menschenwürde nichts."[4] Der Mensch kann vorausschauend planen und danach handeln, also seine eigene Zukunft mitgestaltend beeinflussen. Der Mensch ist wissensdurstig, verständnishungrig und das einzige voll sprachfähige Lebewesen. Tiere können das alles nicht. Zwischen Mensch und Tier bestehen allerdings Abhängigkeiten. A. Adam hat dazu so zutreffend wie knapp festgestellt: „Seit seiner frühesten Evolutionsstufe war der Mensch … vom Tier abhängig. Sei es als sein Nutzer, sei es als selbst Erbeuteter. Dem Tier wurde tiefe Verehrung und heilige Scheu entgegengebracht."

Freilich haben Logik und Vernunft – ja selbst Tatsachen! – gegen Fanatiker keine Chancen. Unverdrossen versuchen kurzschlüssige Agitatoren mit Totschlagwörtern uns Jäger als bequeme Zielscheiben in einer Ecke dauerhaft einzumauern. Ihre Hirnleistungsschwäche kann uns aber nicht das Recht rauben, von ihnen die Humanität der Minderheitentoleranz einzufordern. Nimmt man alles zusammen, so üben in den Industrieländern weniger als 1 Prozent der Menschen die Jagd aus. Der verbale Radikalismus, wie wir ihn in den Medien den Jägern gegenüber gelegentlich sehen und lesen, veröffentlicht zwar eine Meinung, stellt Gott sei Dank jedoch keineswegs die öffentliche Meinung dar. Die Akteure haben ihr Podium und finden ein Publikum. Das ist heute nun einmal so.

Zu beobachten ist meist eine auffallende Blindheit gegenüber der Realität, das Jonglieren mit einem Sack voll Widersprüchen und das Agieren mit Halbwahrheiten. Wir sollten den Umkehrschluss nicht scheuen: Jede Halbwahrheit ist auch zugleich eine halbe Lüge.

Oft hält man uns vor, die Jagd stecke heute in einer Krise, und S. Schwenk stellt dazu fest: „Nicht deswegen …, weil sie sich in den letzten Jahrzehnten geändert hätte, sondern gerade deswegen, weil die Gesellschaft und ihre Werte sich geändert haben."[5] Wie weit die Wertänderung tatsächlich den Kern trifft, ist nicht leicht zu beurteilen. Zweifel daran sollten erlaubt sein, denn die Gesellschaft befand sich zu allen Zeiten im Fluss, in manchen Zeiten mehr, in anderen weniger. Jedenfalls das, was heute aus dem Wohlstandsplateau Zentraleuropas hervorquillt, ist keineswegs ein akzeptierter Maßstab für den Rest von 95 Prozent der Weltbevölkerung. Änderungen ethischer Grundprinzipien werden ja immer dann eingefordert, wenn kein Maßstab mehr existiert, an den sich die wirklichen Bedürfnisse messen und übersehen lassen. Das Weidwerk hat diese Maßstäbe noch, sie sind auch keineswegs schon brüchig geworden. Es gilt allerdings sie nachzubessern, denn die wachsende Sensibilisierung der Bevölkerung ist ernst zu nehmen. Dabei geht es gar nicht darum, ob dies objektiv überhaupt seine Richtigkeit hat. Die Subjektivität selbst ist schon ein Faktum.

Indes darf Tierschutz deswegen nicht zur Ersatzreligion werden. „Jene ‚Tierfreunde', die heute Hochsitze umsägen ... haben augenscheinlich keinerlei Kenntnis davon, dass unser überbevölkertes, verkehrserschlossenes, kaputtgesiedeltes Deutschland allein dank der Hege, der Pacht- und Wildschadenszahlung von Jägern mancherorts bessere Wildbestände hat als zur Biedermeierzeit ... ‚Tierliebe' muss (endlich oder wieder) lernen, dass mit der Natur leben auch heißt, in pfleglicher ... Weise von der Natur zu leben."[6]

Tierliebe pur, das konterkariert, wird zur Heimsuchung, die uns die Träumer von den Inseln der Seligen bescheren. Für die Normaldenkenden gerät nämlich das Ethos der Tierschützer ins Irrationale und wirkt dekadent, sobald man die Sorge um Tiere über die Sorge um Kinder stellt. Einmal soweit, sind schlicht die Maßstäbe der Werte abhanden gekommen. Heute plündern hungrige Saurotten Stadtgärten, Felder und Weinberge und richten beachtliche Schäden an. Schon das beweist in seiner Lästigkeit vielen Zeitgenossen: Ohne Jäger geht es nicht.[7]

Was ist also zu tun?

Treten wir dem Feindbild der anderen wirkungsvoll entgegen. Wir können unsere Gegner als Menschen betrachten, die an einer unerfüllten Sehnsucht leiden, die sich vielleicht im Diesseits ein wenig fremd fühlen. Es mögen Romantiker sein, aber Romantiker sind seit über 200 Jahren brandgefährlich.

Stellen wir ihnen unsere Fakten unübersehbar entgegen: Werterangordnung – offenes Bekenntnis: Weidwerk ist nicht unser höchstes Gut – an der Hierarchie der Lebewesen führt kein Weg vorbei – Töten gehört zum Herrschaftsrecht des Menschen – unser Lebensrecht verpflichtet zur Dienstleistung an der Natur – Anspruch auf Minderheitentoleranz als humaner Akt von Selbstverständlichkeit – Naturgesetze und ihre Abhängigkeiten nicht ignorieren. Utopien scheitern früher oder später und mit ihnen ihre Träger.

Wofür trägt der Jäger die Verantwortung?

Zuerst als Mensch gegenüber den Belangen der Gesellschaft, dann als Jäger gegenüber dem Wild, beides in Anlehnung an die erwähnte Werterangordnung. Denken wir an die kommenden Generationen, darf auch der gemeinsame Lebensraum nicht vergessen werden. Indes, die Jagd ist keineswegs ein herausragender Spezialfall. Diese Situation durchzieht nahezu alle Bereiche menschlicher Tätigkeit und lässt sich nach dem berühmten Wort von Max Born treffend zusammenfassen: „Der Verstand sagt, was möglich ist; die Vernunft sagt, was zu tun ist."

Wer also von uns Jägern in seinem gesellschaftlichen Umfeld wirkungsvoll Verantwortung vorleben will, dem darf es nicht genügen, den Blick allein in die Zukunft zu richten. Man muss auch die Bedingungen des Weidwerks und seine Funktionen für die Menschen in einer umfassenden Breite sehen.

Die Jagd in den Ballungsgebieten Mitteleuropas stellt einen Sonderfall dar und kann nicht verglichen werden mit den vielen, oft recht unterschiedlichsten Gegebenheiten in der übrigen Welt. Da dieser Sonderstatus sich mit Gewissheit verschärfen wird, sollten wir Sorge tragen, dass die Zahl der Realisten unter den Jägern zunimmt. Wir werden sie dringend benötigen. Warum? Wenn gegenwärtig in jeder Sekunde drei Menschen geboren werden, kann die explosive Bevölkerungsentwicklung verlässlich genau für zwei Jahrzehnte hochgerechnet werden. Für unsere Betrachtung genügt es, daraus nur zwei Prognosen herauszugreifen, um zu wissen, dass wir erhebliche Einflüsse auf unser geliebtes Weidwerk bekommen werden. Die eine Prognose schätzt, dass etwa um das Jahr 2010 rund 100 Millionen Menschen als neue Völkerwanderungswelle über Europa hereinbrechen werden. Die andere schätzt, dass etwa zum ähnlichen Zeitpunkt die gesamte weiße Bevölkerung weltweit auf einen Anteil von 10 bis 20 Prozent geschwunden sein wird. Beides zusammen wird gewaltige geistige und soziale Umbrüche auslösen. Es bedarf keiner Propheterie, um zu erkennen, dass die Populationsverdichtung nicht vor den Kerngebieten des alten Europa halt macht. Und wie es aussieht, ist das allemal und hauptsächlich der westdeutsche Lebensraum. Das wird die Jagd nicht ungeschoren lassen. Und wir haben vielleicht bloß noch ein gutes Jahrzehnt bis dorthin!

Das ist sehr wenig Zeit, um uns geistig und gefühlsmäßig darauf vorzubereiten. Ein vertrauenswürdiger Zugang zur Lösung dieser komplexen vor uns stehenden Probleme kann auf die Erfahrung nicht verzichten. Wenn wir Jäger heute für das Weidwerk der Zukunft Verantwortung übernehmen wollen, müssen uns von vornherein erkennbare Grenzen unseres Tun bewusst sein. Eine davon ist der demographische Trend und eine andere wurde von G. R. Kühnle so beschrieben: „Die Beständigkeit der Natur ist weitgehend eine Illusion aus zu kurzer zeitlicher Perspektive."[8)]

Wie die Dinge nun einmal liegen, wird dabei das Albert-Schweitzer-Wort: „Ethik ist ins Grenzenlose erweiterte Verantwortung gegen alles, was lebt" gegenüber den „dienenden Populationen" vermutlich auf der Strecke bleiben, zumindest so lange der Mensch mit sich selbst beschäftigt ist. Und wie er mit sich beschäftigt ist, das sieht man allein schon am Straßenverkehr. Von den üblichen Staus und Unfällen einmal abgesehen, werden jährlich rund 10 Prozent der erlegten Wildtiere zusätzlich auf unseren Straßen durch das Auto „erschossen". Diese Zahlen gelten in etwa auch für Österreich und die Schweiz. Und wer redet davon?

Misst man die Menschen an ihrem Handeln, so wird bis heute diese Verantwortungsethik gegenüber dem Tier kaum zur Kenntnis genommen. Existentielle Not kennt keinen Artenschutz, keinen Umweltschutz und schon gar keine Weidgerechtigkeit.

I. Mazurek befindet daher durchaus zu Recht: „Eigentlich haben wir in unserer Gesellschaft andere Probleme als dies, dass Jäger jagen."[9)]

Nun, welche gegnerische Mentalität haben wir vor uns? Klein an Zahl, doch gefährlich in ihrer Hartnäckigkeit sind unsere Gegner. Sie tragen das Gütesiegel der Kadergruppen, beanspruchen es jedenfalls. Selbst intolerant, nutzen sie ungeniert die Duldsamkeit der Gesellschaft, hier die der Jäger, um fast alle unabdingbaren Regeln dieser Gesellschaft zu brechen. Vordergründig wirkt es wie ein Aufstand gegen die Könner und die Tradition. Sehr wahrscheinlich ist es jedoch ein unbewusster Aufstand gegen das eigene Defizit. Sie verabscheuen, was die Welt braucht: die Einsicht. Und sie lieben das Labyrinth von Utopia. Dem müssen wir entgegentreten!

Dort wo der Fanatismus der Chaoten sich ins Kriminelle begibt, haben wir die Waffe des Rechts. Weil sie zu wenig und nicht konsequent genug eingesetzt wird, ist zu befürchten, dass die gelegentlichen Gerichtsurteile die Kriminalität gegenüber dem Weidwerk nicht spürbar abwehren.

Bei der Abwehr krimineller Jagdgegner mit der Waffe des Rechts sollte sich allerdings die Jägerschaft bewusst sein, dass dies häufig eine stumpfe Waffe sein kann. Das Ansägen von Leitern oder Kanzeln kommt in letzter Konsequenz einem Mordversuch gleich. Soll man da einfach zur Tagesordnung übergehen? Nein! – Wilder krimineller Energie muss Einhalt geboten werden. Das gilt für das Jagdwesen genauso wie für andere Dinge.

Nicht alle unsere Jagdgegner wagen sich so weit vor. Viele beschränken sich auf den verbalen Streit und belassen es dabei. Kommt es schon einmal zu einer „Schlammschlacht", bedarf es nachher meist einer Regenerationsphase, ehe die Stehaufmännchen erneut antreten. Ihnen muss in extrem nüchterner Sachlichkeit geantwortet werden. Das heißt, Irrtümer klarstellen und Unkenntnis ausräumen, Vergleiche mit anderen Arten menschlicher Tätigkeit heranziehen, bis hin zu der breiten Palette moderner Freizeitgestaltung. Und die Sachlichkeit der Zahlen sprechen lassen.

Angesichts dessen ist es ein wichtiges Element für unsere Position in der Gemeinschaft, den legitimen Anspruch der Jägerschaft herauszustellen, dass wir ein normales Glied in unserer pluralistischen Gesellschaft sind und es bleiben werden! Jäger bewegen sich völlig legal im Rahmen der Gesetze und verletzen keine Menschenrechte.

In Wirklichkeit haben wir eine absurde Situation vor uns. Die Tausendstel-Minderheit der Jägerschaft in unserem Lande wird von einer im Vergleich selbst dazu winzigen Minorität von Jagdgegnern attackiert. Wahrhaftig, die eingebildeten Ängste sind die schlimmsten. Als ob wir keine anderen Sorgen hätten!

Es muss nochmals unterstrichen werden: Es ist ein Betrug durch die Sprache, wenn Töten mit Morden gleichgesetzt wird. Es war und ist semantischer Betrug, wenn beispielsweise die Vernichtung des amerikanischen Bisons in den weiten Prärien des Mittelwestens der USA als Jagd bezeichnet wird. Dieses sinnlose Hinschlachten eines Volksgutes wurde systematisch betrieben, weil ganz massive kommerzielle Beweggründe dahinter standen. Man wollte zuerst das Land für die eigene Viehherde, dann für die Eisenbahn und schließlich für sich selbst. Mit Jagd hatte dies nichts zu tun.

Hier sei als weiteres Beispiel nochmals das Elefanten-„Culling" angeführt, wie es in jüngster Zeit von der Wild- und Forstbehörde Simbabwes/Afrika durchgeführt wurde.[10] Das Wort bedeutet soviel wie Elefantenentnahme im Sinne von Ausdünnung oder Verminderung. Dahinter verbergen sich Aktionen einer staatlichen Sondertruppe, die mit Maschinenwaffen etwa 15.000 Elefanten abknallte. Eine Regulierungsmaßnahme, die schwerwiegende Gründe haben muss, aber mit Jagd nichts zu tun hat.

Wie auch immer, die Werterangordnung und die Hierarchie der Lebewesen werden hier brutal demonstriert, und satte Besucher aus den Industrieländern haben des öfteren Verständnisschwierigkeiten. Falsch verstandener Naturschutz mit Gesetzen, die an der Wirklichkeit vorbeilaufen, haben diese Maßnahme letztlich erzwungen.[11] Das scheinbar verantwortungsvolle Verhalten der Politiker dieses Landes war gemessen an der Wirklichkeit verantwortungslos, denn es hat die Folgen nicht bedacht oder nicht sehen wollen.

„Heilige Kühe", wie in diesem Fall an manchen Orten Afrikas die Elefanten, werden im Zeitalter der Überbevölkerung mit Sicherheit auf die Dauer nicht hingenommen. Tierschutz aus Vernunft und Notwendigkeit und mit Augenmaß – ja, jederzeit einverstanden. Wo aber der Tierschutz sich sogar über Menschen in ihrer kreatürlichen Not etablieren will oder dies bereits getan hat, wird das nicht gut gehen. Mit sehr abrupten Änderungen an der überzogenen „good will"-Aktion muss dann jederzeit gerechnet werden.

Die Diskrepanz zwischen Wollen und Wirklichkeit ist allzu deutlich. Und dies macht auch einen weiteren Blick auf die gängigen Argumente der Jagdgegner unverzichtbar. Ohne Anspruch auf Vollständigkeit seien sie vorgestellt und grob unterteilt.

Kategorie der albernen Vorwürfe. Hierzu zählt zum Beispiel das Thema Trophäen. Was stört eigentlich die Nichtjäger, wenn der Jäger optische Fixpunkte seiner Erlebnisse als Knochen an die Wand hängt? Das Sammeln von Trophäen ist ein uralter Brauch. Diamantkolliers am Halse der Schönen, Orden, Titel, Rang – sind das keine Trophäen, die zur Schau gestellt werden?

Kategorie der ignorierenden Vorwürfe: Hierher gehört der Satz „Die Natur regelt sich selbst", wobei bewusst ausgeklammert wird, dass dies nur gilt, solange sie unberührt ist. Die uns gewohnte Nutzung der Kulturlandschaft, wo jeder Winkel erschlossen ist, zeigt, dass der Mensch mit seinen Eingriffen die Selbstregulierungsmechanismen der Natur erheblich beeinflusst. Klassisches Beispiel hierfür ist unser gewaltiger Arzneimittelschatz. Bei Krankheiten regelt heute der Mensch, die Natur nur ausnahmsweise.

Kategorie der Vorwürfe mangels Wissens: Hierher gehören die Computerszenarien. Man operiert dabei mit Annahmen statt Tatsachen, vergisst regelmäßig wegen der Komplexität der natürlichen Abhängigkeiten mehrere wichtige Parameter und operiert dann, zur Verwirrung gläubiger Geister, mit völlig falschen Konsequenzen aus diesen Annahmen.

Kategorie aus gefühlsmäßiger Schieflage: Neid, Missgunst, Verdrängung, Anspruchsdenken sind da zu allerhand fähig. Da hört man das Wort vom „Millionärshobby", von „Feudalprivilegien", vom „eitlen Beweis von Männlichkeit" oder auch vom „Kampfsport der Nimrode". Alles Wortblasen, die aus tiefenpsychologischen Bereichen empor blubbern. Und wer etwa unter dem Deckmantel ethischen Gedankengutes das Tier dem Menschen rechtlich gleichsetzt, der muss damit konfrontiert werden, dass er seinen Sinn für die Realitäten und das Ego des Menschen verloren hat.

Im weiten Feld des Umweltschutzes wurde es zu einem Standardvorwurf, der Mensch gefährdet die natürlichen Artenbestände der Lebewesen, weil sein Anspruchsdenken die natürliche Ökologie zerstöre. Uns Jägern speziell unterstellt man, schon unsere Beutegier würde seltene Arten ausrotten. Ohne Zweifel hat der Mensch mitunter Arten ausgerottet, die amerikanische Wandertaube ist ein historisches Beispiel dafür. Das Urteil der Fachleute aus der Biologie sei da in Erinnerung gerufen. Gegenwärtig gibt es 1,25 Millionen gezählte Arten von Organismen. Und man schätzt, dass dies nur 0,1 Prozent des Artenbestandes ist, den die Natur in ihrer langen erbgeschichtlichen Evolution hervorbrachte. Im Umkehrschluss: 99,9 Prozent aller dieser bestehenden Arten sind im Verlauf der Erdgeschichte wieder verschwunden – und nahezu fast alle ohne Zutun des Menschen; schließlich ist der erst knapp 2 bis 3 Millionen Jahre alt. Lebensvernichtende Gewalt ist also ein Naturgesetz, das höchstwahrscheinlich den Homo sapiens nicht ausklammern wird, gleichgültig ob dieser mit einem eigenen Beitrag den Evolutionstrend beeinflusst oder nicht. Naturgesetze sind nicht änderbar, und diesem Sachverhalt hat sich der Mensch demütig zu beugen. Mit der Elle der Verhältnismäßigkeit gemessen, wirken deshalb viele unserer Korrekturanstrengungen kurzschlüssig und zeigen wenig Wirkung. Wildtiere sind Mitlebewesen und als solche öfters Signalgeber für Störungen unserer Umwelt. Man muss ihre Zeichen bloß richtig verstehen. Wo Schalenwild in restliche Refugien zurückgedrängt wird und dort wie kleine Viehherden wirkt, damit auch zu Schaden geht, ist das, entgegen dem Augenschein, kein überhöhter Wildbestand. Es ist eine Folge der Auswüchse falsch verstandener Lebensqualität des Menschen. Auch das dokumentiert die Hierarchie der Lebewesen.

Der Verhältnismäßigkeitsgrundsatz ist natürlich gefragt, so man auf Vorwürfe stößt, die den Widerspruch in sich tragen. Wie kann man sonst mit Frau Meier reden, die beim Metzger Schweinernes bevorzugt, versteht sich ohne Blut, und zu Hause am Kaffeetisch energisch verkündet, „sie würde sich glatt von ihrem Mann scheiden lassen, wenn er daran dächte, im Wald arme Rehe totzuschießen und ihr gar noch das Fleisch zum Braten brächte.“[12] Gilt es da nicht, das bodenständige Normalverhalten ins Licht zu rücken und zu stärken?

Auch die Anklagen der extremen Positionen: zuviel Wild = Wildtiere werden ausgerottet ist eine Ungleichung, die sich nicht auflösen lässt.

Der Standpunkt der Jäger gegenüber ihren Gegnern kann nun in Stichworten zusammengefasst werden: Gegen die kriminellen Jagdgegner: die Waffe des Rechts – Gegen den ideologisch Fixierten: Sachlichkeit, Sachlichkeit und nochmals Sachlichkeit – Gegen den Mitläufertyp: Überzeugungsarbeit im Kleinen wie im Großen – Klarstellung der semantischen Betrügereien – Widersprüche durch Zahlen und Vergleiche ausräumen – Anwendung der Verhältnismäßigkeitsregel.

Und als flankierende Maßnahme: Keine Mieslinge unter uns dulden! Vorbild sein!

Eines sollte man allerdings nie aus den Augen verlieren: Die Hauptstoßrichtung aller Attacken zieht in Wahrheit gegen das Traditionselement des Weidwerks und gehört im weitesten Sinne in die Ideologie des politischen Umsturzes, sie gehört zu der chaotischen Utopie, nach der Bewährtes auf jeden Fall zerstört werden muss – dabei ändert es sich ohnehin laufend.

Jagd als Erbe – Durchdringung von Evolution und Kultur

Ist Jagd – eine Vitalkategorie – erblich bedingt?

Ja. Der Mensch war Jäger, und die Jagd lässt sich aus der Existenz des Menschengeschlechts nicht wegdenken. Das hatte Folgen.

Man sollte stets gegenwärtig haben: Es gibt eine Hierarchie der Lebewesen. Selbsterhaltungs-, Nahrungs-, Fortpflanzungs-, Nachahmungstrieb und das Lebenskennzeichen der Reizbeantwortung besitzen sie alle. Indes, die Tiere kennen keine Zukunftsplanung und sind zu kulturellen Leistungen nicht fähig. Eine der großen und gar nicht einmal sehr alten kulturellen Leistungen des Menschen war die Domestizierung bestimmter Tierarten, indem er es verstand, sich das Phänomen der Prägung durch menschliche Wesen zunutze zu machen. Irgendwann vor rund 10.000 Jahren bereicherte sich die Menschheit damit und erweiterte ihre Überlegenheit. Diese Möglichkeit wurde fest in unserem kulturellen Erbe verankert. Es ist das ein grandioses Beispiel dafür, wie das Naturerbe mit seinem Gencode durch das kulturelle Gedächtnis ergänzt wird.

Man hat heute erkannt, dass es Jagdgene gibt. Das griffige Wort von den Jagdgenen steht daher für eine allgemeine Verhaltensstruktur, die im Laufe der Evolution Eingang in die Gene fand und damit zur Erbsubstanz gehört.[13] Ungeachtet dessen sollte man klar sehen: Gene sind weder gut noch schlecht – sie haben keine Moral!

Häuft sich dieses Erbgut, manchmal auch als Jagdinstinkt bezeichnet, tritt es bei einzelnen auffälliger in Erscheinung. Das Gefallen an der Jagd, der Drang umherzuziehen, findet sich von der obersten bis zur untersten Gesellschaftsschicht. Wendet man sich sublimeren Erscheinungen dieses Erbes zu, kommt man nicht umhin zu fragen: Ist der Mensch im Grunde nicht immer ein Jäger? Nun, nicht alle sind Grünröcke oder weithin sichtbar zu erkennen: es gibt auch die „verdeckten Jäger". Sie jagen in unserer Gegenwart weder Wildrinder noch Rehe, beuteln allenfalls einmal ein paar Schafsköpfe. Statt dessen experimentieren sie, erfinden, schreiben, halten Reden. Ihre Beute ist das Neue, das Noch-nicht-da-gewesene! Diese Beute, so sie erlegbar ist, erschließt neue Dimensionen des Lebens.

Kriminalisten jagen Mörder. Woher kommt die Beliebtheit der Kriminalromane, der Krimiserien? Ist das etwas anderes als reine Menschenjagd? Von Hemingway stammt der Satz: „Keine Jagd ist wie die auf Menschen, und jene, die lange genug bewaffnete Männer gejagt haben, werden sich danach für nichts anderes mehr interessieren." – Menschenjagd!

Gleich dahinter tummeln sich die Glücksjäger mit ihrer Jagd nach Geld und Erfolg.

Wir stehen vor naturgesetzlichen Abhängigkeiten, die sich als Vitalkategorie im Leben etabliert haben. Kurzum: ein Lebensgefühl wird vererbt.

Die Jagd selbst ist gedrängte Handlung, braucht Szene, Bewegung, Raum für dramatische Spannung. Sie ahmt nichts nach, ist weder Abbild noch Schauspiel. Sie ist eine geschlossene Aktion voller Leben und Farbe und beschert schließlich wie jede Sache, die Anstrengung erfordert, ein „Erfolgserlebnis." Die Jagd als Tätigkeit verlangt sattelfeste Praktiker, denn nur wer Bescheid weiß, kann auf der Jagd bestehen. Die Jäger haben kein statisches, sondern ein dynamisches Bild von ihrer Umwelt. Das Dynamische, Handelnde, ja Gestaltende dominiert in ihrem Wesen. Der Verlust dieser Tradition mit all seinen Aufregungen, seiner Routine, seiner Verpflichtung zur sozialen Kooperation, seinen Gefahren, Fehlschlägen und auch den Meisterstücken, ist ein Verlust, der uns nicht widerfahren sollte. Immerhin, die Gefahr droht. Unsere recht kurze Erfahrung mit günstigen Lebensverhältnissen zeigt eine ungute Tendenz. Statt Großzügigkeit und Sinn für die Gemeinschaft macht sich Hedonismus und fast institutionalisierte Ungerechtigkeit breit; vom Massenmord als Dauerthema der TV-Sender einmal ganz abgesehen.

Ein Beitrag kultureller Art zum Durchdringen von Evolution und Kultur wurde 1848 bei uns geschaffen, als man das Jagdrecht an den Grundbesitz band. Das Konglomerat von Natur- und Kulturerbe ist nicht mehr entwirrbar. Und für die Zukunft bleibt es offen, ob die weitere Richtungsentscheidung auf der genetischen Ebene liegen wird oder durch eine für alle Menschen verbindliche Ethik zustande kommt. Es gibt natürlich eine Art krankhafter Änderungssucht, die über alles herfällt. Gleichwohl ist die Situation nicht abweisend. War früher manches der Jagd eher den Älteren vorbehalten, so interessieren sich inzwischen immer mehr Jüngere dafür, und zwar für alles – im vollen Bewusstsein des aktuellen Milieus.

Tierliebe übersieht Realitäten

Tierschutz ist ein rahmensprengendes Thema. Das Nachdenken darüber wird mitunter schnell anstrengend, doch sollten sich viele deswegen bequemer weise nicht zu früh mit einem Vorurteil begnügen. Der Tierschutz gehört in den Pflichtenkreis des Jägers. Wo jedoch die Tierliebe, das gehätschelte Kind des Tierschutzes, blind wird gegenüber den Realitäten, ja unversehens sich zu einer Ersatzreligion[14] mausert, ist die Wirklichkeit ins rechte Licht zu rücken. Möglicherweise gelingt es, das Misstrauen gegenüber dem Sachverstand, was identisch ist mit dem Verlust an Systemvertrauen, teilweise oder ganz abzubauen. Aus Frankreich kommt die Meldung: „Seriöse Jagd, verbunden mit dem materiellen und ideellen Einsatz der Jäger zur Erhaltung der Lebensräume und der Arten, stärkt die Tierbestände. Dies weist die internationale Stiftung zur Erhaltung der Fauna anhand der Bestandsentwicklung in Frankreich nach. Die in Zusammenarbeit mit offiziellen staatlichen Stellen ermittelten Zahlen sind in der Tat erstaunlich. So hat sich der Hirsch von 38.500 Exemplaren (1986) auf 65.500 (1995) vermehrt. Der Rehbestand hat sich seit 1983 vervierfacht, der Gemsbestand seit 1977 verdreifacht. Wildschweine sind seit 1983 viermal zahlreicher geworden ..."[15]

Vielleicht haben darin die Ergebnisse moderner wildbiologischer Forschungen bereits einen Niederschlag gefunden, sind sie doch gewiss in der Praxis unentbehrlich. Heutzutage will man naturverträgliche Wildbestände erhalten.

„Leben gibt es in dieser Welt immer nur auf Kosten anderen Lebens, zum Beispiel keine Schwalbe ohne Fliegen, keine Störche ohne Frösche."[16] Dieses Naturgesetz kann auf Dauer nicht niedergelogen werden. Freilich lässt es sich zum allgemeinen Nachteil missbrauchen, wobei der gesunde Gedanke des Natur- und Tierschutzes gelegentlich bis zu seiner Perversion umgekrempelt wird. Beispielsweise werden in Deutschland seit vielen Jahren Greifvögel, wie Habicht, Bussard, ferner größtenteils auch Krähen und Elstern ganzjährig geschont und damit sich selbst überlassen. Füchse wurden flächendeckend gegen Tollwut geimpft. Der ungehinderten Vermehrung dieser Praedatoren, wie es modisch „neudeutsch" heißt, setzt lediglich der Nahrungsmangel die Grenze. Die unmittelbare Folge: Auer-, Birk-, Haselwild sind aus unserer Landschaft verschwunden, und das nutzbare Niederwild, wie Rebhuhn, Fasan und Hase, ist gebietsweise so rar geworden, dass man um seine Existenz fürchten muss. Dieses Paradebeispiel widerlegt den fast gebetsmühlenhaft heruntergebeteten Satz „Die Natur regelt sich von selbst." Er hat in unserer Kulturlandschaft keine Gültigkeit. Wo ist der Sinn, wenn absolut nicht gefährdete Arten, die zudem Kulturfolger sind, Schonung erfahren, und dies bis zur substantiellen Bedrohung anderer Arten übertrieben wird? Er wird vergeblich gesucht. Zu allem Überfluss werden jährlich Millionen Steuergelder für wirkungslose Naturschutzprogramme ausgegeben. Die unerwünschten Folgen der falschen Verordnungen und der Aktivitäten der Naturanarchisten strahlen weit aus und treffen spürbar auch die Bauern.[17] „Die Bevölkerung erwarte im Wald einen paradiesischen Urzustand und übersehe, dass die land- und forstwirtschaftlich genutzten Flächen keine Natur-, sondern eine Kulturlandschaft sind, seit Jahrhunderten von Menschenhand geprägt … Knappe 5 Prozent der Bevölkerung bewirtschaften 84 Prozent von Deutschlands Gesamtfläche … aber Teile der übrigen Bevölkerung glauben, sie müssten der Land- und Forstwirtschaft vorschreiben, was Natur- und Umweltschutz ist." … „Wenn Jäger nicht mehr eingreifen dürfen, führten falsch verstandene Tierliebe zur Störung des natürlichen Gleichgewichtes." Ein klassisches Beispiel hierzu ist der unheimliche Erfolg des geschützten Bibers in Bayern.[18] 1966 wurden die ersten Biber an der Donau freigesetzt. Inzwischen haben sie sich zur Landplage entwickelt und man sieht derzeit als einzige Lösung dafür den Tierexport. Ein Armutszeugnis, das Peter Roseggers Spruch mitleidlos umreißt:

> Wissen ist Macht, wie schief gedacht.
> Wissen ist wenig – Können ist König!

Nicht selten liefert die Natur gänzlich unabhängig von menschlicher Tätigkeit Geschehnisse, die dramatische Folgen für Tierwelt und Ökosysteme haben und denen gegenüber alle menschliche Könnerschaft hilflos ist. So hat eine Hitzewelle in Honduras 200.000 Hühner getötet. Wegen der Nahrungsknappheit im allzu warmen Ozean gingen die Seelöwen ein. 6000 tote Tiere wurden an den Strand der Pazifikinsel San Miguel bei Los Angeles gespült. Vor Peru reduzierte sich der Seelöwenbestand von 180.000 auf 30.000.[19]

Die Sprache der Zahlen muss nachdenklich stimmen.

Fälscher am Werk – von Medien vermittelt

Unsere Welt ist nicht heil. Sie lässt zu wünschen übrig. Wo die direkten Mittel versagen, wird ungeniert schon einmal kunstvoll um die Ecke geschossen. Dabei werden neue Formen von Kriminalität nicht gescheut. Der Fernsehfilm-Fälscher, Michael Born, wurde 1996 zu einer Haftstrafe von vier Jahren Gefängnis verurteilt, wegen „Betrugs, Volksverhetzung und Verstoß gegen das Waffengesetz." Das Gericht hatte einen Schlussstrich unter die bis dahin einmaligen Fälschungen von angeblichen dokumentarischen Fernsehfilmen gezogen.[20] Dabei stellte das Gericht auch die Fernsehleute – vor allem Stern TV – an den Pranger. „Stern TV hatte den Schlüssel in der Hand, das von Born aufgestellte Lügengebäude zum Einsturz zu bringen", las Richter Weiland dem Magazin die Leviten. „Die Gegenrecherchen durch die TV-Redaktion hätten nicht stattgefunden … Man habe allein auf die Sensation und die Einschaltquote geschielt."

Dieser TV-Journalist ist inzwischen vorzeitig aus der Haft entlassen worden. Woran denkt er? Natürlich ans Geld! Zurückgreifend auf eigene Erfahrungen beim Stern TV, arbeitet er an einem satirischen Spielfilm über Medienmanipulationen.[21] Seit jeher löst die Gier nach Geld beachtliche kriminelle Energien aus. Das besonders Infame ist bei der Filmmacherei das Ausschalten des so überzeugenden Augenscheins.

Der Mensch pflegt sich, wo immer er kann, durch den Augenschein abzusichern. Das normalerweise vorhandene Misstrauen wurde also gezielt hintergangen. Die trickreiche Betrügerei ist dem Laien nicht erkennbar.

Eindrucksvoll war diese Methode von Anfang an. Auf dem „Heißen Stuhl" des Privatfernsehens RTL (Moderator Günter Jauch)[22] saß bereits 1993 ein Ferkelstecher. Mit einer seltenen Unverfrorenheit brüstete sich ein 29jähriger Jäger vor einem Millionenpublikum, er liebe es, die Jagd auf Schwarzwild mit der Saufeder auszuüben und er hätte auf diese Art schon 36 Wildschweine zur Strecke gebracht. Und dann wurde in diese Sendung eingeblendet, wie er bei seinem speziellen Jagdvergnügen sich sogar filmen ließ. Hier durfte man seinen Augen nicht trauen! Der gesunde Menschenverstand muss da rebellisch werden! Wo kommt heute ein Jäger in der freien Natur so nahe an ein Stück Schwarzwild heran? Ein Jäger allein, der mit der Saufeder einen Schwarzkittel erfolgreich töten kann? Ja, wie macht man es dann noch, dass eine zugehörige Begleitperson mit Kamera dies kinoreif festzuhalten vermag? Das ist in unseren Breiten außerhalb eines Gatters heutzutage eine Unmöglichkeit. Irgend etwas konnte so nicht stimmen.

Der Aufstand in der Fachpresse war groß. Der Jagdschein wurde entzogen, der Ausschluss aus dem Jagdverband kam prompt hinterher. Aber, die ganze Weidmannsriege war der Öffentlichkeit wieder einmal so richtig vorgeführt worden.

Der Mensch ist so angelegt und die große Mehrheit reagiert unwillkürlich so, dass dem, was man sieht, man auch glaubt. Diesen Film hatte der freie Autor Peter

Radtke manipuliert und er musste lukrativ gewesen sein, denn 1997 hat Radtke unter dem Titel „Achtung! Lebende Tiere" eine legale Eisbärenjagd in eine illegale Trophäenjagd verfälscht. Dieses Mal war das ZDF in seiner Sendung „Frontal" aufgelaufen und verkündete, als alles publik wurde, dass Radtke den Sender mehrfach getäuscht habe.[23] Schließlich empörte sich die kanadische Wildschutzbehörde darüber, mit welchen Mitteln die wildbiologisch absolut abgesicherte Eisbärenjagd sowie die Jäger im deutschen Fernsehen diffamiert wurden.

Offenbar fühlen sich die Medien ab und zu – sichtlich in Unkenntnis der Sachlage –berufen, Jagd und Jäger in fälscherischer Weise zu verunglimpfen. Unter dem Motto „Die Öffentlichkeit hat darauf einen Anspruch" werden solche Sendungen durchgesetzt, und später gesetzlich fällige Gegendarstellungen haben so gut wie keine Wirkung. Die Blamage für das ZDF ist bald vergessen; der „Sumpf der Ideologie" wird nicht trockengelegt. Es fehlt eine effektive TV-Kontrollinstanz, die sicherstellt, dass solche getürkten Sensationsfilme bereits im Vorfeld aussortiert werden.

Literaturverzeichnis

Jagd-Gene - ein Urerbe der Menschheit

1) Washborn, S.L. "Symposium in Princeton – 1956"
2) Focus 50/2000 S.13 „Urmenschen - Aufrecht seit sechs Millionen Jahren"
3) Focus 38/1997 S. 194-202 „Der Ursprung des Menschen"
4) Bild der Wissenschaften 2/1989 S.37 „Homo habilis war nicht allein"
5) Ridley Matt "Eros und Evolution" S.227 Droemer-Knaur-München 1995
6) dito S.365
7) Bild der Wissenschaft 5/1972 S.452-459 Jehein Harmeyer, Rainer Birck „Eiweißveredlung bei Wiederkäuern"
8) Focus 9/1997 S.132 Archäologie „Die Jäger von al-Kown"
9) Bild der Wissenschaft 3/2000 S.58-65,63 „Das neue Bild vom Urmenschen"
10) Kühnle G.R. „Der Jäger und sein Ich" S.204 Avant-Verlag München - Bonn 1994
11) Focus 15/1997 S.170 „Anthropologie - Vertrauter Mensch" Neue Zürcher Zeitung vom 31.5./1.6.1997 „Urahn des modernen Menschen gefunden?" Focus 40/1999 S.252 „Fossilienfund Ur-Thüringer"
12) Focus 11/1997 S.174 „Archäologie - High-Tech aus der Steinzeit."
13) Focus 21/2000 S.202-204 „Das Erbe von Adam und Eva"
14) Suter Hubert „Sie jagten und sie jagen noch" S.8 J.Neumann-Neudamm - Melsungen 1980
15) Suter Hubert „Weidwerk im Schussfeld" S.7-11 Neumann-Neudamm - Melsungen 1985
16) Koenig Otto, Vorwort zu Nussbaumer Johann: „Es begann mit der Jagd" S.5-8 Tafelspitz - Wien 1984
17) Lovelock James „Das Gaia-Prinzip" S.10 Artemis - Zürich u. München – 1991
18) Mohr Hans „Evolutionäre Ethik als biologische Theorie" in: Lütterfelds, Wilhelm und Mohrs, Thomas Hrsg: Ethik zwischen Naturalismus und Idealismus" Wissenschaftliche Buchgesellschaft - Darmstadt 1993
19) Nachr.Chem.Tech.Lab. 36 (1988) Nr.11 S.1218-1220 Maelicke Alfred „Wo unsere Wurzeln liegen..."
20) Mannheimer Forum 86/87 - Ein Panorama der Naturwissenschaften Gerhard Vollmer „Wissenschaft mit Steinzeitgehirnen" S.56
21) Frankfurter Allgemeine Zeitung v. 13.1.2001 Markl Hubert „Warum die Zukunft uns nicht schreckt"
22) Bild der Wissenschaft 5/19987 S. 39-47 Laitman Jeffry T. „Konnte unser Urahn sprechen?" Bild der Wissenschaften 8/1987 S.8
23) Ridley Matt "Eros und Evolution" S.369 Droemer Knaur-München 1995 Eccles John u. Daniel N. Robinson "Das Wunder des Menschsein - Gehirn und Geist" Piper - Zürich-München 1991

Die Jagd als Teil unserer Kultur

1) Deutscher Jagdschutz-Verband e.V.: *Jagd heute – Standortbestimmung der Jagd.* 1988.
2) Hayek, F. A. v.: *Die Anmaßung von Wissen.* J. C. B. Mohr (Paul Siebek), Tübingen. 1996.
3) Durant, Will und Ariel: *Kulturgeschichte der Menschheit.* Naumann & Göbel, Köln. 1985.
4) Freud, Sigmund: *Das Unbehagen in der Kultur.* Fischer-Bücherei, Band 47. Frankfurt a. M./Hamburg. 1953.
5) Blüchel, Kurt G.: *Die Jagd,* Band 2, Seite 6, Dr. Dr. Sigrid Schwenk. Köhnemann Verlagsgesellschaft, Köln. 1996.
6) Böhme, Klaus: *Vom Steinwurf des Vormenschen zum Waidwerk der Antike.* Neumann-Neudamm, Melsungen. 1991.
7) Ardrey, Robert: *Adam kam aus Afrika – Auf der Suche nach unseren Vorfahren.* F. A. Herbig, München. 1961/1998.
8) Kalchreuter, Dr. Heribert: *Die Sache mit der Jagd.* BLV Verlagsgesellschaft, München/Bern/Wien. 1979.
9) Streithofen, Dr. Heinrich Basilius: *Jagd – Tierschutz – Toleranz.* Vortrag beim Bundesjägertag des DJV in Homburg/Saar am 21. 10. 1989. Jagd und Jäger in Rheinland-Pfalz, Dezember 1989.
10) Bullok, Alan: *Hitler und Stalin – Parallele Leben.* Siedler, Berlin. 1991. Antonow-Owssejeko, Anton: *Stalin – Porträt einer Tyrannei.* R. Piper, München/Zürich. 1980. Revel, Jean-Francois: *So enden die Demokratien.* R. Piper, München/Zürich. 1984. Baader, Roland: *Kreide für den Wolf – Die tödliche Illusion vom besiegten Sozialismus.* Anita Tykve, Böblingen. 1991. *Guinness Buch der Rekorde,* Deutsche Ausgabe. Ullstein, Frankfurt a. M. 1981/1982.
11) Ward, Barbara: *Nationalism and Ideology.* New York. 1966
12) Schwenk, Dr. Dr. Sigrid: *Jagd ist Wiege des menschlichen Sozialverhaltens.* Festvortrag auf dem hessischen Landesjägertag am 5. 5. 1990 in Bad Nauheim. Die Pirsch, 11/1991, Seite 5.
13) Hartmuth, Egon: *Die Armbrust – ein Handbuch.* Akademische Druck- und Verlagsanstalt, Graz. 1986.
14) Gerster, Johannes, CDU-Landesvorsitzender: *Festrede anlässlich des Landesjägertages 1995* am 29. 4. 1995 in Frankenthal. Jagd und Jäger in Rheinland-Pfalz, Juli 1995.
15) Strassgschwandtner: *Jagdalbum.* Pinguin, Innsbruck. 1983
16) Kühnle, Günter R.: *Der Jäger und sein Ich.* Avant-Verlag, München/Bonn. 1994.
17) Voss, Hella: *Die große Jagd – Von der Vorzeit bis zur Gegenwart / 30.000 Jahre Jagd in der Kunst.* Feder, München. 1961.

18) Berrens, Dr. Karl: *Geschichte der Jagdkunst.* Jagdbuch-Verlag Dieter Hoffmann, Mainz. 1984.

19) Hespeler, Bruno: *Jäger wohin?* BLV-Verlagsgesellschaft, München/Wien/Zürich. 1990.

20) Lindner, Prof. Dr. Dr. h.c. Kurt: *Zum Selbstverständnis der Jäger.* Sonderdruck aus Wild und Hund. Paul Parey, Hamburg. 1986.

21) Borchert, Jochen, Bundesminister für Ernährung, Landwirtschaft und Forsten: *Rede anlässlich des Bundesjägertages 1994* am 22. 10. 1994 in Berlin. Jagd und Jäger in Rheinland-Pfalz, Dezember 1994.

Weidwerk – Ökologie – Ökonomie –Umweltschutz

1) Eilingsfeld, Dr. Heinrich: *Der sanfte Wahn.* Südwestdeutsche Verlagsanstalt GmbH & Co., Mannheim. 1989

2) Der Spiegel, Dokument November 1992/Nr.6: *Der Wald stirbt weiter.* Seite 12, Seite 7, Seite 5, Seite 15.

3) Wachter, A.: *Deutschsprachige Literatur zum Weißtannensterben (1830–1978).* Zeitschrift für flanzenkrankheiten und Pflanzenschutz 85, Seiten 361–381. 1978.

4) Verband der Chemischen Industrie e.V. (Herausgeber): *Chemie und Umwelt – VCI – Wald.* 2. Auflage, Februar 1985, Seite 9, Seite 15, Seite 17.

5) Neue Zürcher Zeitung, 12./13. 12. 1992: *Kein einheitlicher Trend in Europas Wäldern.*

6) Zischka, Anton: *Die alles treibende Kraft.* Energie-Verlag GmbH, Heidelberg. 1988.

7) Der Spiegel, 6/1997, Seite 161: *Umwelt – Unterschätzte Blitze.*

8) Düsseldorfer Geobotanische Kolloquien, März 1985, Heft 2, Seite 40: *Waldschäden und Nährelementversorgung.* H. W. Zöttl, Freiburg.

9) Nachr. Chem. Tech. Lab. 34 (1986) 1, Seiten 15–20: *Photoaktivierung lufttragener Chlorkohlenwasserstoffe.* Hartmut Frank, Wilfried Frank, VCH, Weinheim.

10) Allgemeine Forst-Zeitschrift, 30/31, 4. August 1984, Seite 788: *Waldschäden, waldbauliche Maßnahmen und Düngung.*

11) Zischka, Anton: *Die alles treibende Kraft.* Energie-Verlag GmbH, Heidelberg. 1988.

12) Guthörl, Dr. Volker: *Schalenwildverbiss und Wildvegetation.* Jagd und Jäger in Rheinland-Pfalz, November 1997, Dezember 1997, Februar 1998.

13) Guthörl, Dr. Volker: *Jagd ist angewandter Naturschutz.* Jagd und Jäger in Rheinland-Pfalz, September1993.

14) Chemische Rundschau, Nr.1, 8. 1. 1993: *Waldschäden in Europa.*

15) Bild der Wissenschaft, 12/1993, Seiten 64–68: *Sauer geht der Baum zugrunde.*

16) Mannheimer Morgen, 3. 2. 1993: *Zu viel Gülle lässt die Wälder sterben.*
17) Bild der Wissenschaft, 12/1993, Seite 58: *„Dem Tod entronnen.„*
18) Neue Zürcher Zeitung, 28. 12. 1994, Seite 50: *Yellowstone – sechs Jahre nach den Waldbränden.*
19) Focus, 43/1994, Seiten 104–108: Waldschadenbilanz – Horror bleibt aus.
20) Mannheimer Morgen, 24. 11. 1995. Borchert: *Beim Wald weder Entwarnung noch Panik angebracht.*
21) Spieker Heinrich u.a. (Hrsg.): „Growth Trends in European Forests." Springer
22) Verlag, Berlin/Heidelberg. 1996.
23) Neue Zürcher Zeitung, 23./24. 11. 1996: *Widersprüchliches zum deutschen Waldzustand.*
24) Die Pirsch, 1/1998, Seite24.
25) Die Pirsch, 27/1998, Seite 28.
26) Aune, Ivar A., und Praschma, Nikolaus Graf: *Greenpeace – Umweltschutz ohne Gewähr.* Neumann-Neudamm, Melsungen. 1996.
27) Focus, 12/1994, Seite 174: *Sanfte Robbenjagd.*
28) Neue Zürcher Zeitung, 28./29. März 1987*: Robben als „Landplage„ in Norwegen.*
29) Vertrauliche Mitteilungen, 24. 8. 1988, Punkt 12.
30) Der Spiegel, 18/1987, Seiten178–188: *Die einzig bedrohte Art ist hier der Mensch.*
31) Der Spiegel, 48/1993, Seiten 148–161: *Im Busch ist immer Krieg.*
32) Mannheimer Morgen, 5./6. November 1994: *Der Handel mit dem Elfenbein dezimiert die Elefanten.*
33) Neue Zürcher Zeitung, 7./8. Januar 1995: *Geplanter Verkauf von 5000 Elefanten in Simbabwe.*
34) Die Pirsch, 14/1996: *Namibia: Staat verkauft jetzt Elfenbein.*
35) Fuchs, Wendelin, Schweizer Jäger 1994: *Editional 6/3.*
36) Neue Zürcher Zeitung, 30. 12. 1998: *Wolf und Luchs als Problem.*
37) Die Pirsch, 1/1998, Seite 34.
38) Korff, Prof. Dr. Wilhelm: *Wirtschaft vor der Herausforderung der Umweltkrise.* Referat, 29. 9. 1989, Limburgerhof/Rehhütte. BASF AG.
39) Engel, Fritz-Martin: *Die Giftküche der Natur.* Landbuch-Verlag GmbH, Hannover. 1972.
40) Neue Zürcher Zeitung, Nr. 12, 17./18. 5. 1986: *Drei Wochen nach Tschernobyl – Unsere Begegnung mit der Verstrahlung.*
41) British Medical Journal, Vo 295, 1100 (1987).
42) Löffler, Georg: *„Grundzüge der physiologischen Chemie."* Springer Verlag, Berlin/Heidelberg/New York/Tokio. 1983.
43) Greim, Helmut, und Deml, Erhard: *„Toxikologie – Eine Einführung für Naturwissenschaftler und Mediziner."* VCH-Verlagsgesellschaft, Weinheim/ New York/Basel/Cambridge/Tokio. 1996.

44) Neumüller, Otto-Albrecht: „Römpps Chemie Lexikon", 8. Auflage, Band 2, Seiten 1476–1480. Franckh'sche Verlagshandlung, Stuttgart. 1981.

45) Moser, Anton, Die Pirsch, 4/1994, Seite 37: *Bleischrot-Verbot eine Alibi-Funktion.*

46) Rosenstingl, Herbert, St. Hubertus, 6/1992, Seite 16: *Bleibelastung der Umgebung eines Schießstandes.*

47) DJV-Stellungnahme zum Thema „*Blei*,,. Der Jäger in Baden-Württemberg, 3/1990, Seite 6.
Wild und Hund, 3/1990, Seiten 4–6: „*Umweltbelastung durch Bleimunition?,,*

48) Hadlok, Dr. R.: *Beurteilung von Bleirückständen aus Schrotkugeln beim Wild.* DJV-Nachrichten, 2/1990, Seiten 5–7.

49) Obermeier, Claus, und Döring, Nikolaus: „Gift aus der Flinte.,, Kosmos, 5/96, Seiten 60–64.

50) Focus, 6/1994, Seite 13: *Umwelt – Erst sterben Vögel, dann der Mensch.*

51) Flöser, V., Jürging, Chr., Tempel, K.: *Vergleichende Bewertung von Bismut, Eisen und Zink als Ersatzstoffe für Blei im Jagdwesen.* Ingenieurgemeinschaft agwa GmbH, Hannover. 1994.

52) Wild und Hund, 21/1994, Seiten 26–29: *Bismut, Eisen oder Zink als Ersatzstoffe für Bleischrot – „Das kleinere Übel,,.*

53) Die Pirsch, 3/1986, Seite 140: *Störung, Energieverbrauch und Nahrung.*

54) Tümmes, Horst Johannes: *Der Rhein.* C. H. Beck'sche Verlagsbuchhandlung, München. 1994.

55) Guthörl, Dr. Volker: *Jagd ist angewandter Naturschutz.* Jagd und Jäger in Rheinland-Pfalz, September 1993.

56) Markl, Prof. Dr. Hubert: *Ökonomie und Ökologie.* Festvortrag anlässlich des 75jährigen Jubiläums des Industrieverbandes Pflanzenschutz e.V. (IPS), 13. Mai 1987 in Mainz, Seite 6, Seite 5, Seite 12.

57) Mannheimer Morgen, 28./29. November1987 – *Welt und Wissen: Schlangensaft als Aperitif.*

58) Der Spiegel, 28/1975, Seite 43.

69) Gerster, Johannes, CDU-Landesvorsitzender: *Festrede anlässlich des Landesjägertages 1995* am 29. 4. 1995 in Frankenthal. Jagd und Jäger in Rheinland-Pfalz, Juli 1995.

Das heutige Milieu des Jägers

1) Adam, Adolf: *Im grünen Wald ein Blick zum Himmel.* Paul Parey, Hamburg und Berlin. 1979.

2) Adam, Adolf: *Im grünen Wald ein Blick zum Himmel.* Paul Parey, Hamburg und Berlin. 1979.

3) Ardrey, Robert: *Adam kam aus Afrika – Auf der Suche nach unseren Vorfahren*. F. A. Herbig, München. 1961/1989

4) Markl, Hubert: *Zeugen des Wissens*. v. Hase & Koehler, Mainz. 1986.

5) Schwenk, Dr. Dr. Sigrid: *Von der Pflicht, verantwortungsbewusst zu jagen*. Die Pirsch, 2/1993, Seite 33.

6) Gewalt, Dr. Wolfgang: *Ersatzreligion Tierschutz?* Jagd und Jäger in Rheinland-Pfalz, November 1995.

7) Focus, 41/1996, Seite 12: *Feinschmecker.*

8) Kühnle, Günter R.: *Die Jagd zwischen Leidenschaft und Vernunft*. Avant-Verlag, München/Bonn.

9) Mazurek, Ingo: *Im Zweifel für die Jagd*. Frieling & Partner GmbH, Berlin. 1995.

10) Der Spiegel, 48/1993, Seiten148–161: *Im Busch ist immer Krieg.*

11) Jagd und Hege, Dezember 1993/Januar 1994: *Afrikanische Wildbahn.*

12) Hespeler, Bruno: *Jäger wohin?* BLV-Verlagsgesellschaft, München. 1990.

13) Suter, Dr. Hubert: *Sie jagten und sie jagen noch.* 2. Auflage. Österreichischer Agrarverlag, Edition St. Hubertus, Klosterneuburg. 1998.

14) Gewalt, Dr. Wolfgang: *Ersatzreligion Tierschutz?* Jagd und Jäger in Rheinland-Pfalz, 11/1995.

15) Jagd & Natur, 10/1998, Seite 18: *Jagd hilft den Tierbeständen.*

16) Funke, Karl-Heinz: *Leben verzehrt Leben.* Jagd und Jäger in Rheinland-Pfalz, 5/1998.

17) Kustner, Franz: *Falsche Tierliebe stört Gleichgewicht.* Die Pirsch, 22/1998, Seite 26.

18) Focus, 16/1998, Seite 100: *Artenschutz – Unheimlicher Erfolg.*

19) Focus, Nr.19/1998, Seite 111.

20) Mannheimer Morgen, 24. 12. 1996: *Standpauke für Born – aber auch für Stern TV.*

21) Focus, 6/1999, Seite13: „*TV-Fälscher im Kino.*„

22) RTL Stern TV: „*Heißer Stuhl.*„ Moderator Günter Jauch. „Letztes Büchsenlicht,„ 1993/4. Quartal.

23) Wild und Hund, 10/1997, Seite10: *Der Fall Peter Radtke.*